Christian Funck

Ostfriesische Chronik

Christian Funck

Ostfriesische Chronik

ISBN/EAN: 9783743364936

Hergestellt in Europa, USA, Kanada, Australien, Japan

Cover: Foto ©Andreas Hilbeck / pixelio.de

Manufactured and distributed by brebook publishing software (www.brebook.com)

Christian Funck

Ostfriesische Chronik

Der Auricher Chronick Siebentes Buch.

Von

den Geschichten unter der Gräflichen Regierung,

und zwar von der

Einführung des Hoffgerichts,

des Aerarii publici,

und der

Accorden.

---

§. I.

Graf Edzard II. bekommt nuhmehro die 3 Aemter, Leer, Gretsiel und Stickhausen nach Graf Johanns Tod.

Nach dem tödlichen Hintritt des weil. Wolgebohrnen Grafen und Herrn
Johann

Johann fielen, nach dem Einhalt des Kayserlichen Decreti und des darauf erfolgten Embdischen Executions-Receß die drey Aemter und Häuser Lehr-Ort, Gretsiel und Stickhausen mit allen und jeden ihren zugehörigen Flecken und Dörfern wiederum an Sr. Gnaden den regierenden Herrn Grafen Edzard II. a) welcher dieselbige auch alsobald in Besitz nam, nachdem der verstorbene Herr Bruder bey 10 Jahr dieselbige besessen und gebrauchet hatte b). Denn sobald Graf Johann am Michaelis Tage zwischen 1 und 2 Uhr des Nachmittags verschieden, machte sich Graf Edzard auf erhaltenem Bericht, selbst in hoher Person, des Nachts um 2 Uhr nach Stickhausen. Graf Gustaf begab sich unverzüglich nach Gretsiel, und nam daselbst die Festung in Besitz. Graf Johann verfügte sich nach Lehr-Ort, und ward von dem damaligen Drosten Juncker Wengen ohne Widerspruch aufs Haus gelassen. Kurz vor Sr. Gnaden Ankunft, hatte der Canzler Laurentius Holtmann I. U. D. sich weggemacht, und, wie man sagte, einige Kisten mit geheimen Briefschaften, mit

a) Kayserl. Decret, in alt. Accord. §. 2. 34. p. 3-6. Embdisch. Executions-Receß §. 2. p. 14. 15.

b) Wicht. p. 274. Loringa Geneal. I. p. 55.

mit weggenommen, da wurden seine Frau und Kinder etliche Monaten in der Grete gefänglich angehalten c). Nachdem aber **Graf Johann** sich bey dem geführten Proceß ausdrücklich vorbehalten hatte, daß, im Fall er durch göttlichen Segen von dem Einkommen berührter drey Häuser, etwas ersparen, oder sonsten für sich andere Güter darzu bringen und erwerben würde, oder solches bereits gethan hätte, ihm frey und bevorstehen solte, dieselbige neben den Mobilibus nach seiner freyen Wilkühr und Wolgefallen zu verwenden, davon, ohne alle Einsage und Verhinderung zu testiren und disponiren d); so hatte er seine Hinterlassenschaft, nicht seinem Herrn Bruder **Edzard** noch dessen Erben, sondern seinem Herrn Schwager **Herzog Otten zu Braunschweig-Lüneburg** und dessen Kinder, die er mit seiner Frau Schwester **Heilwig** gezeuget hatte, oder noch zeugen würde, im Testament vermacht e).

A 3   §. 2.

c) Ber a b. Elsenii Denkwürb. Begebenheit. p. 10.

d) Kayserl. Decret. loc. cit.

e) Wicht. Annal. p. 274. 275. Loringa loc. cit.

§. 2.

Die Hoffnung Herrn Graf Edzards, man werde nun nicht weiter auf ein Hofgericht dringen, fehlet.

Weil nun der Herr Graf Edzard die Regierung der ganzen Grafschaft allein hatte, hielt er dafür, daß mit dem Tod seines Herrn Bruders auch zugleich der Kayserliche Ausspruch getödtet wäre; und, da nunmehro die Scheidung und gedoppelte Regierung ihr Endschaft gewonnen, auch die Nothwendigkeit des Hofgerichts verloschen wäre. Die Ostfriesische Ritterschaft, welche bereits wegen Einführung des Hofgerichts so viel Mühe angewandt, war mit dieser Meinung des Herrn Grafen nicht wol zu frieden, um so viel mehr, weil einige Proceduren sich ereigneten, die ihnen gar zu hart und widerrechtlich schienen f).

Kurz vor dem Absterben des Grafen Johanns hatte der Herr Graf Edzard sechs der vornehmsten Bürger zu Norden, nahmentlich Hajo Rikena, Christoffer Folkersheim, Otto Löring, Otto Frederichs, Eggerich Ulri-

---

f) Apol. Embd. p. 16. *Emm.* Hist. Nostri Temp. p. 11.

riken und Herman Sanders den 13 September 1591 nach Berum fodern, daselbst seinen Fiscal Henricum Schröderum auftreten, und für einigen Commissarien sie tanquam rebelles, perduelles, & criminis laesae Majestatis reos gerichtlich anklagen, und den dritten Tag darauf zum Gefängniß verdammen lassen, darum, daß sie mit der Bürgerschaft in der Kirchen sich fördersamst und vor andern geschäftig erwiesen, die Schüttenmeister, die in Diensten waren, abzusetzen, und andere neue zu erwehlen. Sie beriefen sich auf ihre alte Gerechtigkeit und Gewohnheit: der Fiscal aber drang darauf, daß sie solches ohne Consens des Herrn Grafen gethan g).

Die Gefangenhaltung dieser Bürger, die man für unrechtmässig hielt, erweckte bey der Ritterschaft und den übrigen Landständen wider die Gräfl. Räthe einen desto grössern Widerspruch, und desto grössern Eifer die Einführung des Hofgerichts zu befördern, auf daß sie ein Gericht hätten, wo unparteiische Justitz administriret würde. Daher gaben insonderheit die von der Ritterschaft, als woraus Hofrichter und Assessores zum Theil bestellet werden sollten, ihre Nothdurft zuerst bey den Hoch- und Wolgebohrnen Herren

---

g) Apol. Embd. p. 15. 16. A. Essenii Denkw. Begebenh. p. 8. 9.

Commiſſarien zu Braunſchweig und Lippe, nachmahls bey Jhro Kayſerl. Majeſtät ſelbſten ein h). Die Anverwandten und Ehefrauen der Gefangenen kamen auch bey Jhro Kayſerl Majeſtät ein, weil ſie bey Sr. Gnaden nichts auswirken möchten, und erhielten endlich, daß den 9ten Martii **Bernherdo Elſenio Paſt.**, **Alberto Gnaphäo**, **Bernherdo Münſtero**, **Johanni Kuhorn**, und **Johanni Hillink** Ao. 1592 durch ein Speyeriſch Mandatum die Acta in Sachen der Gefangenen abgefodert wurden, worauf ſie den 3 Julii durch ein Kayſerl. Mandat aus dem Gefängnis zu Berum wieder mit behaltenen Ehren losgelaſſen worden. Es geſchahen deswegen in Norden viel Ehren- und Freudenſchüſſe i).

§. 3.

Die abermahlige Kayſerl. Commiſſion wegen des Hofgerichts.

Kurz hernach erging aus Prag unterm dato den 12 Auguſti, ein Kayſerl. Schreiben an Herzog Henrich Julius zu Braunſchweig und an Grafen Simon von der Lippe, worin
ihnen

h) Apolog. 16 17.
i) Ibid. p. 16. Elſen. loc. cit.

ihnen allergnädigst anbefohlen ward, daß Sie, als bisherige Commissarii in der Ostfriesischen Sache, und denen alle Umstände am besten bewust, entweder in Person oder durch ihre Subdelegatos die Sachen aufs neue vornehmen, und daran seyn wolten, daß ohne fernern Verzug das oftbenannte, im Kayserl. Decreto anbefohlne, Hofgericht eingeführet, die dagegen **eingedrungene** Appellation abgeschaffet, des Aerarii halben dem Embdischen Landtags-Schluß nachgesetzet, sonsten die Gravamina und Beschwerden untersuchet und abgethan würden, worüber alle Verordnung ihnen gänzlich anheim gestellet seyn sollte. Auch war sub eodem dato ein Kayserl. Schreiben an Sr. Gnaden **Graf Edzard** verfertiget, (welches in der Embder Apologia zu lesen,) worin die Klagen der Ritterschaft enthalten, und die vorseyende Commission ihm angedeutet worden. Was eben erwehnte **eingedrungene** Appellation anbelanget, so ist davon zu wissen, daß der Herr Graf, an Statt des verlangten Hofgerichts, ein Appellations-Gericht angeordnet hatte, womit aber die Ritterschaft nicht zufrieden war k).

A 5 §. 4.

k) Apolog. Embd. p. 17-20. *Emm.* Hiſtor. Noſt. Temp. p. 11.

§. 4.

Graf Edzard, nach gehaltener Reise nach Rittbergen, schreibet einen Landtag aus 1. wegen der Fräuleins-Steuer 2. des Hofgerichts.

Graf Edzard hatte sich mit seiner Frau Gemahlinn und gesamter jungen Herrschaft nach Rittbergen begeben, ohne Zweifel mit seinem Herrn Sohn Graf Enno die Landes-Regierung allda zu untersuchen l). Denn derselbige war mit seinem Herrn Bruder Christoffer bereits im Amfang dieses 1592ten Jahres um heil. drey Könige wieder von der Reise zu Hause gekommen, die sie in Polen, zu dem Beylager des Königes Sigismundi (der da war ihrer Mutter Brudern Sohn, nemlich des Königs Johannis in Schweden) mit der Durchl. Princessin Anna, Tochter des Erzherzogen Caroli von Oesterreich, gethan m).

Nachdem hochgedachter Herr Graf sich mit den Seinigen von Rittberg einfand, schrieb er einen Landtag aus, und berief die Stände von Ostfrießland, den 20 Novemb. in Aurich zu erschei-

---

l) *B. Elsenii* Denckwürd. Begebenh. p. 9.
m) *Wickt* p. 274.

scheinen. Auf diesem Landtag ward von den Gräflichen Räthen proponiret: 1) daß nachdem die von Quernum und Ripperda, wegen des von ihnen dem Lande vorgeschossenen Geldes, Anmahnung gethan, Sr. Gnaden gerne sähen, daß die gemeine Landschaft ohne Verzögerung zu dem Abtrag dieser Schuld, Rath schaffen möchten. Es wäre zwar andem, daß die getreue Unterthanen eine Summe deswegen aufgebracht: es hätte aber die Noth erfordert, daß solche in alios usus patriæ utiles wär angewandt worden, insonderheit 10000 Rheinische Gulden hievon zum Heyraths-Schatz seiner Tochter, als sie an den durchlauchtigsten Hochgebohrnen **Churfürsten Ludowich** Pfalz-Grafen beym Rhein vermählet worden, massen in allen Landen gebräuchlich, daß Unterthanen, wann Fräulein ehelich ausgesteuret würden, den Brautschatz erlegten, wie denn auch in diesem Fall einige von der Ritterschaft ihren Consens dazu ertheilet hätten. 2) Daß Sr. Gnaden, auf Anstiften einiger Leute ein Anschreiben von Kayserl. Majestät empfangen, worin von einer neuen Commission gedacht würde, um das vor einigen Jahren erdichtete Hofgericht und dazu benöthigte Capital-Schatzung ins Werk zu richten. Nun wäre ihnen wol bewust, wie groß Geld auf die vorige Commission gelaufen, deswegen sie leichtlich erachten könnten, was für schwere Kosten den getreuen

Land-

Landständen wieder auf den Hals sollten gedrungen werden, wann die vorige Hoch- und Wolg. Commissarii wieder ins Land kommen würden; nächstdem könnten sie leichtlich errathen, daß selbst das vorgeschlagene Hofgericht zu seiner Unterhaltung nicht ein geringes erforderte, und also Sr. Gnaden sowol als seinen lieben Unterthanen zur Last gedeyen würde: also wären Sr. Gnaden entschlossen ein ander Wolförmlich Hoff- und Canzley-Gericht, so bald möglich anzuordnen, worin jedermänniglich mit den geringsten Kosten unparteylich Recht gesprochen werden sollte. Als aber der dritte Stand auf solchem Vortrag gar ernstlich wider die Ehesteuer der Hochgräflichen Tochter redete; die gesamten Landstände aber des übrigen halber sich also erkläreten, daß der Herr Graf nicht allerdings damit vergnügt seyn könnte: so ließ Sr. Gnaden bald darauf im Winter noch einen andern Landtag halten, worin er doch seinen Zweck nicht erreichte n). Vielmehr weil sein Rath **Petrus Ficinus**, gewesener Præceptor aulicus, & omnium juniorum Comitum educator, sich heraus gelassen: **Grosse Herren und Potentaten wären nicht verpflichtet, ihre eigene oder ihrer Vorfahren Zusagen, Briefe und Siegel zu halten,** waren die Stände voller Unmuth von Aurich weggezogen.

n) Apol. Embd. p. 21. seqq.

gen. Dis trieb sie auch nebst andern Ursachen und Beschwerungen, bey den Hoch- und Wolg. Kayserl. Commissarien anzuhalten, daß sie ihre Ueberkunft und Fortsetzung der Commission beschleunigten o).

§. 5.

Die Kayserliche Subdelegirte kommen in Ostfrießland an.

Das Verlangen nach dieser Commission ward in dem folgenden 1593 Jahr gestillet. Denn den 25 Julii kamen die Kayserl. Subdelegati in Norden an. Von wegen des Herzogen von Braunschweig waren gesandt, Otto von Haym, auf Eßbeck ein Edelmann, Johann von Urßlar D., Petrus Iven Lic.; von wegen des Grafen zur Lippe, Friedrich Werpup ein Edelmann Drost zur Wölpe, und Diepenau, Jobst Schneidewindt Canzler, und Bartold Frone Doct. Selbige kehreten ein bey Fr. Loringa Wittwen. Eben desselbigen Tages kurz vor ihrer Ankunft fand sich auch

Her-

o) Petrus Ficinus alias vir fuit apprime doctus, imo etiam linguæ Hebraicæ peritus, ut vidi in Albo Past. Ioh. Holthusi. p. 83.

Herzog Otto von Harburg ein, und nam seine Herberge bey Ulffer Junge Johannis Wittwe. Die Ursache, welche ihn trieb mit zu erscheinen, war, daß er begehrte, daß in Gegenwart der Subdelegirten Grafen Johanns von Ostfrießland Testament eröfnet werden möchte.

Sofort des folgenden Tages als den 26ten Julii ward auf dem Rathhause zu Norden nach Begehren das Testament eröfnet, wobey auf Ostfriesischer Seiten mit zugegen waren Graf Enno von Ostfrießland und Rittbergen, wie auch Jco von Inn= und Kniephausen. Das Gräfl. Ostfriesische Haus war mit diesem Testament gar nicht zufrieden: die Herren Subdelegati aber achteten für gut, einen gütlichen Vergleich unter den Erben zu stiften. Der Herzog von Harburg spannete die Saiten ziemlich hoch und foderte zum Abtrag 500000 Gulden. Da sie nun über 14 Tage an einem Vertrag arbeiteten, und nichts ausrichteten, verwiesen die Subdelegati die Sache zwischen ihnen, wie auch die Foderung des Herrn Grafen Simon von der Lipp zur Kayserl. Entscheidung. Der Herzog Otto reisete mit seinen dreyen Prinzen, die er mitgebracht hatte, den 11 August wieder weg p).

§. 6.

p) Wicht p. 274. 275. B. Elsen. Denkw. Begeb. p. 9. 10.

§. 6.

Das Hofgericht wird auf einem Landtag zu Norden eingeführet.

Immittelst aber, daß die Tractaten wegen des Testaments und der Verlassenschaft weil. Grafen Johanns vorgingen, war von denen Kayserl. Subdelegirten Commissariis, auf den 1 Tag Augusti ein allgemeiner Landtag zu Norden ausgeschrieben, an welchem die Landstände in reicher Anzahl erschienen, und allerhand Gravamina und Klagen vorbrachten. An Statt des Herrn Grafen, stelleten sich der älteste Herr Sohn Graf Enno nebst den Gräflichen Räthen ein q). Das erste, was nach gepflogenen Unterredungen vorgenommen ward, war die Einführung und Bestellung des Gräflich-Ostfriesischen Hofgerichts, und wurden benennet zum Hofrichter Eger Beninga zu Grimersum; zu Adlichen Assessoren Mauritz Ripperda und Enno von Dieffholtz; zu Gelehrten Vice-Hofrichter und Assessoren Ulricus Schlüter Licent., Henricus Overen Doct., Lubertus Huffschlag D., Erich Limburg D., Georg Spikermann D. und Jo-

---

q) Nordisch. Executions-Receß §. 1, 2. alt. Accord. p. 83-85. Apol. Embd. p. 28. 47.

Johann Heckmann D.; zum Secretario Iudicii Gerhardus Quade, und zu dessen Substituto oder Vice-Secretario Eberwinus Hüssken. Diese wurden den 11 August auf dem Rathhause zu Norden, in Gegenwart der Fürstl. und Gräfl. Subdelegirten, wie auch des Grafen Enno und anderer seiner Gnaden Räthe auf die errichtete Hofgerichts-Ordnung in Eid und Pflicht genommen. Und weil sonderlich die Gelehrten Gräfl. Räthe und Diener waren, so wurden sie, wie auch die andern, ihres Eides erlassen, damit sie sonsten außerhalb dieses Gerichtes ihrem gnädigen Herrn zu Ostfrießland verwand waren. Dem neuen Hofrichter Beninga ward bey solcher Beeidigung die mit Gräfl. Händen und Petschaften beliebte und bekräftigte Hoffgerichts-Ordnung originaliter zugestellet, sich darnach nebst seinen Beysitzern zu richten. Auch waren nahmhaft gemacht vier Procuratores Georgius Aquarius, Gerhardus von Langen, Johann Wiggering, und Johann von Oldenburg; imgleichen zween Boten, Johann von Wigk, und N. N. endlich ein Pedell Albertus Hövelmann. Diese solten nachmals (gleich wie auch D. Henricus Overn, als welcher auf dem Rathhause nicht zugegen, sondern verreiset war) beidiget werden. Hieneben ward verordnet, daß von allen Canzeln im Lande abgekündiget werden solte, daß am Montag nach

Bartho-

Bartholomei das Gericht seinen Anfang nehmen sollte, welches denn auch geschehen. Und also ward den 27ten August die erste Audientz des Hofgerichts in Aurich gehalten, welches von der Zeit an, auch im Stande geblieben ist r). Was für Protestationen Sr. Gnaden bey der Einführung des Hofgerichts einbringen lassen, ist in dem Nordischen Executions-Receß zu lesen s).

§. 7.

Einführung des Aerarii publici und der Kluften.

Wann aber zur Unterhaltung des Hofgerichts, Abtrag angewachsener Schulden, und andern Angelegenheiten des Landes ein Aerarium publicum oder Landschafts-Casse von nöthen war, darin die gemeine Collecten, insonderheit aber zuerst die vorgeschlagene Capital-Schatzung, gesammlet würde, so ward angeordnet und bewilliget: Erstlich, daß die Ausschreibung einer Haupt-

---

r) Nordisch Execut. Receß §. 2. p. 85-89. Wicht. p. 275. D. Ellenii Denkwürd. Begebenh. p. 10.

s) Nord. Execut. Receß §. 3. p. 89-91.

Haupt-Schatzung sollte fest stehen; zweytens, das einkommende Geld solte nicht in die Gräfl. Cammer, sondern dem Pfennigmeister (Landrentmeister) Joachimus Jhering eingeliefert werden, damit sich niemand Beschweren könte, daß solches von dem Herrn Grafen zu eigenem Nutzen verwandt würde; von solchem Gelde solten bezahlet werden, das Hofgericht, die restirende Reichs- und Kreiß-Steuren, die Lehrische und Embdische Commissions-Kosten, und andere aufgenommene Gelder und gemachte Schulden; die Casse oder Legkasten sollte auf dem Rathhause zu Embden stehen, und mit vier Schlössern verwahret seyn, zu welchem Sr. Gnaden einen Schlüssel, die drey Stände in Ostfrießland jedweder auch einen haben sollen. Auch ward eine gewisse Taxe verfertiget und aufgesetzet, wie viel ein jeder nach Standes-Gebühr nebst Frau und Kindern contribuiren sollte.

Auf daß aber dieses Collecten-Werk desto bequemer und richtiger könnte bestellet werden, ward Ostfrießland in vier Kluften eingetheilet, in die Embder- Norder- Auricher- und Lehr-Orter-Kluft. Zur Embder-Kluft gehörten die Stadt und das Amt Embden, Reiderland, halb, die Herrlichkeit Rosum, Loquard, Pewsum, Uphausen, Oldersum, Petkum, Jarßum, und andere in dem Bezirck gesessene von Adel. Zur Norder-Kluft wurden gerechnet die Stadt und

und Amt Norden, das Amt Gretsiel, das Amt Berum, die Herrlichkeiten Jenselt, Lützburg, und Dornum, auch andere in diesem Bezirck wohnende Adeliche. Zur Auricher-Klutt wurden gezehlet die Stadt und das Amt Aurich das Amt Friedeburg, und die Herrlichkeiten Kniphausen und Gödens. Zur Lehr-Orter-Kluft wurden gerechnet die Aemter Lehr, Stickhausen, und das halbe Reiderland. Ueber eine jede Kluft, die Häupter aufzuschreiben, und die Schatzung einzubringen, wurden deputiret und bestellet, zwey aus der Ritterschaft und zwey unadelichen Standes. So sollten **Maurih Ripperda** und **Aylt Frese**, wie auch **Johann Gerdes** und **Gerd Bolardus** in der Embder-Kluft; **Wilhelm von Kniphausen** und **Gerhard von Closter**, wie auch **Johann Hilling** Amtsschreiber und **Johann Kuhorn** Rentmeister in der Norder-Kluft; der Herr **von Kniphausen** (oder seiner Gnaden substituirter) und **Franz Freytag**, wie auch **Christian Blancke** und Bürgermeister **Burchard Strüving** in der Auricher-Kluft; endlich **Casper von der Wenge** und **Joachim Ripperda** wie auch **Friedrich Köyter** und **Gerd Buhrmann** in der Ortmerkluft dis aufgetragene Werk verrichten t). §. 8.

t) Norbisch-Executions Receß §. 4. p. 91-94. Norbisch. Landtags Schluß §. 1-6. p. 105-115. Apol. Embd. p. 286-288.

§. 8.

Die Einwendungen des Herrn Grafen die Gravamina nicht vorzunehmen.

Endlich auch, so viel die eingebrachten Gravamina und Landschafts-Beschwerungen anlangte, erinnerten die Herren Subdelegati, daß auch dieselben möchten vorgenommen und abgethan werden. Der Herr Graf aber erwiederte, daß dis Stück eigentlich nicht zu ihrer Commission gehörete, und bat also, daß sie sich intra terminos mandati hielten. Ueberdem sagte Er, wären die meisten Dinge und Klagen alt, getraute sich auch vor der Kayserl. Majestät sie zu verantworten, und die Unschuld an den Tag zu legen. Man wolte Sr. Gnaden nicht übel deuten, daß sie ihre Hoheit, Reputation, Regalia, und Gerechtigkeiten, welche von Ihren Wollöblichen Vorfahren auf sie verstammet, und damit sie von Kayserl. Majestät belehnet wären, in gute Acht nähmen. Im übrigen wären Sr. Gnaden erbötig, so die Embder oder andere vermeinten auf Sie billigen Zuspruch zu haben, innerhalb 3 Monathen einen Tag zu stellen, darauf die Sachen einzunehmen, und Handlung zugestatten, auch die Herren Subdelegirte, ausserhalb ihrer Commission, als gütliche

che Mediatores zu admittiren. Hieben liessen es die Commissarii in so weit bewenden u).

Unterdessen aber wurden von den neuen Beschwerungen einige erörtert, und derer Abschaffung dem **Nordischen Executions-Receß**, den die Herren Subdelegati hievon aufrichteten, und den 31 Aug. sämmtlich unterschrieben, miteinverleibet. Zween Tage hatten auch Sr. Gnaden vorher den **Nordischen Landtags-Schluß** unterschrieben, welcher von dem angeordneten Aerario und der eingewilligten Haupt-Schatzung hauptsächlich handelte x): wann aber auf Gräflicher Seiten einige Worte geändert, oder hineingerückt waren, gaben die Stände noch den 31 Aug. bey den Herren Subdelegatis eine **Protestation** ein y). Nachdem nun itztgemeldete Herren an die 6 Wochen mit ihrer Commission in Norden zugebracht, sind sie reichlich beschenkt wieder weggezogen z).

B 3 §. 9.

u) Nordisch-Executions Receß §. 5. seqq. p. 94·104. Apol. Emdb. p. 48–51. vid. die Gravam. der Embder, wider den Magistrat; und dessen Antwort in der gründl Anweisung des Erbrechts des Ostfris. regier. Hauses an Embden. Docum. 53. 54. p. 55. seqq.

x) Nordisch. Landtags-Schluß p. 105. seqq.
y) Protestat. der Stände p. 117·119.
z) *Wicht* Annal p. 275.

§. 9.

Die Prediger in Embden sind verdrießlich über dem Gottesdienst der Lutheraner auf der neuen Müntz. Menso Altings Nachtmahls-Lied wider die Lutherische Lehre.

Nunmehro wird nöthig seyn, daß auch diejenigen Dinge, welche einige Jahre her in Kirchen- und Religions-Sachen vorgefallen, gleichsam in einer Summa zusammen gefasset, und kürzlich erzehlet werden, anerwogen deren Bericht zum richtigen Begrif der nachfolgenden Geschichte dienlich ist. Aus der Geschicht-Beschreibung im vorigen Buch ist bekannt, welcher gestalt schon von Ao. 1586 her, die Lutheraner in Embden auf der neuen Müntze zur Zeit des Gottesdienstes ihre Versammlungen gehalten. Dem Ministerio zu Embden war dis sehr verdrießlich, wie denn auch der meisten Bürgerschaft; wiewol der Magistrat, als welcher von dem Herrn Grafen dependirte, nicht sonderlich entgegen war, sondern vielmehr suchte einen gnädigen Herrn zu haben. Jedoch hatte auf dessen Vorschlag Sr. Gnaden einen ernstlichen Befehl Ao. 1588 ergehen lassen, daß beide Parteyen alles Schmähens, Scheltens, und Lästerns gegen ein-

einander in Predigten und auf den Canzeln sich enthalten solten aa).

Nun ließ Menso Alting Ao. 1589, als Mag. Gottfried Heßhusius noch Hof-Prediger war, sowol aus Verbitterung wider dessen sogenannte Inquisition-Articul als auch aus Verdruß über die Predigten auf der neuen Münße, in Bremen einen Gesang von dem heil. Abendmahl drucken, bestehend aus 37 Versen, worin die Lehre der Lutherischen Kirchen vom heil. Abendmahl mit bitterm Gemüth und Worten angefochten ward bb). Es ward der Gesang von ihm in Niedersächsischer oder Platdeutscher Sprache geschrieben, und lautet der Anfang also: Herr Christ, wy lauen dy mit Mund vnd Herten, De du verlöset heffst mit groten Smerten rc. Nach einiger Zeit aber ward er zu Herborn (wiewol schlecht genug und nach Art der damahligen Zeiten) ins hochdeutsche übersetzet cc). Ich will aus dem Hochdeutschen einige

---

aa) *Emm.* in vit. M. Alting. p. 113.

bb) *Ibid.*

cc) Tit. Ein Christlick Gesang vam Hilligen Nachtmahl vnseres Heren Jesu Christi. Up de Wyse des XXIII. Nederlandischen Psalms: Myn Godt vödet my rc. Menso Alting. Vide etiam Ostfr. Hist. und Landes-Verfaff. Tom. 1. lib. 7. n. 47. p. 407-409.

ge Verse anziehen, aus welchen von dem übrigen kann geurtheilet werden:

v. 20. Es wirt auch hie die grosse Lieb gepriesen,
Die Christus seiner Kirchen hat bewiesen.
Vnd lehret vns den Nechsten hertzlich lieben:
Im Gottesdienst allzeit vns fleissig vben:
Das Band der einigkeit im Geist behalten,
Vnd lassen vns durch lose leut nicht spalten.

21. Der Antichrist hat diesen schatz verkehret,
Vnd mit Meß-brot die Christenheit verführet:
Gibt für, daß er teglich auß Brot Gott mache
In seiner Messz: Der seligkeit könn schaffen.
Lest ihn auffheben, anbeten vnd ehren,
Vmbtragen, vnd mit faulem Mund verzehren.

22. Ein ander Irrthum ist auch von jhm gekommen,
Vnd hat bey vielen vberhand genommen:
Die schreyen laut: daß Christi Leib so kleine
Wesentlich im Brot, sein Blut im weine
Verborgen, heissen nachs Priesters Händen gassen,
Auffsperren den fleischlichen Mund vnd rachen.

23. Diß zehrgelt sie den sterbenden mitgeben
Verheissen jhn durch ein Abgott das Leben:
Wer den Brotgott im letzten nicht wil haben
Den lassen sie bey jhr Volck nicht begraben:

Sagen,

unter der Gräflichen Regierung.

Sagen, er ſey mit Gott noch nicht verſöhnet:
So wird ~~mach~~ Chriſt im tobt von jhn verhö-
net.

23. Von dieſen ſind die Chriſtum vnſern He-
renn
Mit viel gezänck mutwillig ſo entehren:
Daß ſie ſein leib vom Himmel abgeriſſen
Im laub vnd Graß, in bierkauten vnd Speiſen,
Vnſichtbar zwar, vnd doch zugegen, lehren
Himmel und erd, auch ſein auffahart vmbkehren.

25. All dieſe ſind mit nahmen vnderſcheiden:
Wiewol ſie eines Götzen lob außbreiten,
Denn Daniel Mauzim hat verkündet,
Dieweil auff jhn des Bapſtes Reich gegrün-
det.
Den ehret man mit Golt, ſilber vnd ſeiden:
Doch Chriſtus wil, daß jhn die frommen
meyden.

26. Herr Chriſt, wölleſt ihnen die Schuld
vergeben,
Daß ſie mit falſcher lehr vnd böſem leben
Dein Kirche zart verwüſten: Vnd mißbrau-
chen
Der Obrigkeit gewalt: ſeind faule bauche:
Wereden ſie, daß es heiß Chriſtum ehren,
Wenn man ſein Wort vnd Allmacht thut
verkehren dd).

dd) Embbiſch. Hiſtoriſch. Bericht von dem Streit
des heil. Abendmahls p. 273. 274.

Zu Hofe ward dieses Lied gar übel aufgenommen, und derowegen ein Befehl an Bürgermeister und Rath in Embden geschicket, daß sie **Mensonem** vorfodern, und ihn befragen solten: Ob er sich für den Autor dieses Gesanges bekennete, oder nicht? Wie er erschien, ward ihm das Gräfl. Schreiben vorgelesen, und die anbefohlne Frage gethan. Er gestand, daß er den Gesang gemacht hatte, und antwortete zugleich auf ein oder andere in dem Schreiben enthaltene Beschuldigungen. Der Rath bat, seine Verandtwortung ihnen schriftlich zu geben: er hingegen ersuchte eine Abschrift des Gräflich. Befehls. Da aber der Rath bedenken trug ihm eine Abschrift davon mitzutheilen, wolte auch er sich nicht dazu verstehen, daß er seine Verandtwortung zu Papier brächte. Dis geschah den 8 Septemb. des 1589ten Jahres. Wann auch in dem Gräfl. Befehls-Schreiben Order ergangen war, den Gebrauch des Gesanges, und die Ausstreuung oder Verkauf der Exemplarien zu verbreiten, auch diejenigen Exemplaria, so bey Buchhändler sich befünden, abholen zu lassen, und aufs Rathhaus zu bringen, suchte der Rath darin einigen Gehorsam zu leisten ee).

§. 10.

---

ee) *Emm.* in vit. Alting. p. 113. 114.

§. 10.

Zur Bestärckung des vorgedachten Liedes geben die Prediger in Embden ein Buch im Druk heraus.

Nachdem nun Menso dieses nicht wol verschmerzen könnte, besprach er sich mit seinem Collegen Johanne Petrejo, und wurden sie beide eins, die in dem mehr erwehntem Lied enthaltene Lehr- und Streitpuncten wider die Lutheraner mit einer öffentlichen bereits verfertigten Schrift zu bestärken und zu vertheidigen. Hiezu hatten sie einen **Gerhardus Geldenhauer** genandt zu Hülfe gehabt, der in den Controversien des Sacrament-Streits sehr wol erfahren war ff). Und also kam in dem Anfang des 1590ten Jahres ein Buch ans Licht, welches in Platdeutscher Sprache geschrieben war, worin der Streit vom heil. Abendmahl erzehlet, die Einsezung nach Reformirter Weise erkläret, Lutheri und seiner Nachfolger Lehre und Meinung bestritten ward. Weil dieses Buch zwey Jahr hernach zu Herborn in Hochdeutscher Sprache gedruckt ward, will ich hier aus solchem Exemplar den Hochdeutschen Titul sezen: Historischer

---

ff) *Emm.* in vit. M. Alting. p. 122.

scher Warhaftiger Bericht und Lehre Göttliches Wortes von dem ganzen Streit und Handel des heil. Abendmahls, in gewisse vnterschiedene Capitel ordentlich verfasset, durch die Prediger der Christlichen Gemeine zu Embden. Diesem Exemplar war auch ofterwehnter Gesang ins Hochdeutsche übersetzet angehänget, wie daraus einige Verse vorhin angezogen gg).

So viel nun das erste Platdeutsche Exemplar anlangt, so hatten die Prediger in Embden solches nach Bremen, an Doct. Christoph Pezelium Past. daselbst gesandt, dessen Urtheil und Gutachten darüber zu vernehmen, der es dann zum Druck beförderte, und mit einer prächtigen Vorrede auszierte, worin der Embder Kirche und Lehre sonderlich herausgestrichen und gerühmet, ihr Alterthum von Zeit der Reformation an erzehlet, hingegen aber M. Gottfried Hesshusius (welcher etwa um diese Zeit den Hof verließ,) wie auch das ganze Luthersche Predigamt in Ostfrießland und ihre Lehre angetastet ward hh).

Diese

gg) Embbisch Hist. Bericht vom Streit des heil. Abendmahls. Gebr. Herborn 1592. Embbisch Bericht von der Reformation in Emden p. 7.

hh) *Emm.* loc. cit. *D. Pezelii* Vorrede vor dem Historisch. Bericht der Embder lit. a iiii. Er in-

Diese Vorrede ist eine Ursache verschiedener Streitschriften gewesen. Die Crypto Calviniani in Sachsen, als **Urbanus Pierius** und andere haben, haben diesen Historischen Bericht allen ihren Gönnern und Freunden über alle massen recommendiret ii).

§. 11.

D. Pezelii und M. Glanäi verschiedene Schicksale.

Gedachter D. **Pezelius** war einer mit von den Theologis, welche vormahls zu Wittenberg des Crypto Calvinismi (oder heimlichen Calvinisterey) beschuldigt, und deswegen erstlich zu Torgau im Jahr Christi 1574 in Arrest gesetzt, hernach nach Leipzig geführt, und allda gefangen gehalten, endlich zwar losgelassen, doch vom Dienst gesetzt, und also aus Wittenberg weggeschaft worden, wie droben in dem VI ten Buch dieser **Chronick** erzehlt ist. Als er zu Wittenberg noch Schloß-Prediger war, wolte er den Namen nicht haben, daß ers mit den Refor-

innerung der Prediger zu Embben wider Aegidii Hunnii Widerlegung in præfatione
ii) Examen Examinis Pieriani breyer Prediger in Sachsen. p. 32.

formirten hielte, nach seiner Absetzung aber gab er deutlich zu erkennen, was er vorzeiten verborgen gehalten kk).

Anno 1579 und 1580 erregte sich wieder in Bremen unter dem Ministerio der alte Sacrament-Streit. Solchen beyzulegen wurden D. Pezelius und D. Friedericus Widebramus, welche beide zusammen von Wittenberg vertrieben, und nunmehr in der Graffschaft Nassau sich aufhielten, von dem Rath zu Bremen verschrieben, und reiseten sie auch mit Erlaubniß des Herrn Grafen Johann dahin. Nachdem sie nun die andern in denen Lehrpuncten und Ceremonien, worüber sie streitig gewesen, verglichen und gestillet, ist allein M. Jodocus Glanäus, Past. an St. Ansgarii, standhaft geblieben, und hat von der Lehre Lutheri im geringsten nicht weichen wollen ll)

Denn als er Ao. 1564 von Rostock nach Bremen berufen, hatte er bey dem Antritt seines Dienstes den Vorwesern der Kirchen St. Ansgarii

---

kk) Siehe das VI. Buch dieser Chronick cap. 5.
ll) *Wilh. Dilichii* Chron. Bremens. p. 260. 261. *Bismarci* Vit. præcipuor Theologor. de Fried. Widebramo lit. B b. *D. Pezelii* Tract. de Sacramentali verbor. SS. Coenæ Interpretatione in præfat. lit. U 2. edit. Marpurg. 1606.

garii **Hermanno Werdenbrech** Rathsverwandten und **Johann Gröning,** schriftlich versichern müssen, keine andere Lehre, als die in den Prophetischen und Apostolischen Schriften, im Catechismo Lutheri, in der Augsp. Confess. und deren Apologia, in dem Frankfurter Receß und Bremischen Kirchen-Ordnung enthalten zu lehren noch zu predigen, wobey er auch in die 16 Jahr beständig geblieben, ohngeachtet aller Veränderungen, die in Bremen vorgefallen mm). Weshalben er auch Ao. 1572, als **Marcus Meningus Superintendent** geworden, und eine neue Kirchen-Ordnung verfertigte, er derselben mitnichten unterschreiben wolte, weil er sie nicht so befand, daß sie mit der vorigen, noch mit den Verdischen Receß einstimmig war. Jedoch blieb ihm unverwehret, in der Lehre fortzufahren, welche zu predigen er angenommen war, ob schon seine Sachen eine zeitlang gerichtlich gehandelt wurden. Ich finde in seiner eigenhändig geschriebenen Sublication, die er Ao. 1576 den 23 Nov. an den Magistrat in Bremen übergeben, daß, ob er gleich seiner Verweigerung halber Ao 72 den 29 Aug. bey dem Magistrat sehr hart verklagt worden, er deswegen seine Ursachen

---

mm) *Gerh. Gisekenii* lib. de Veritate Corporis Christi in S. Coena adversus Pezelium p. 232. 233.

sachen eingeschickt, und da man damit nicht zufrieden gewesen, er um eine transmissionem actorum an deutsche Universitäten, sie möchten seyn, welche sie wolten, (Heydelberg ausgenommen,) ernstlich angehalten, ja auch zu einem Colloquio, jedoch unter einem reinen und rechtgläubigen Præside, sich erboten habe. Im übrigen ist er immer fortgefahren, nach dem heil. göttl. Wort, und der Lehre Lutheri zu predigen nn).

Nunmehro aber bey dieser Commission, da er dem Pezelio und seinem Gehülfen nicht nachgeben wolte, überdem auch ein Kind, so ihm Gott bescherte, von seinem Collegen nicht wolte taufen lassen, sondern einen Prediger vom Lande hereinkommen ließ, der diesen Actum verrichten muste, ward er nicht allein suspendiret, sondern auch Ao. 1582 gar seines Amtes entsetzt. Er ist der letzte Lutherische Prediger in Bremen gewesen oo). Nach langer Zeit sind erst in dem Dohm, welcher welcher nach D. Alberti Hardenbergs Absetzung ledig geblieben, und endlich als ein Zeughaus gebraucht worden, Lutherische Prediger wieder eingeführet worden pp).

So

nn) Id. p. 245.
oo) Dilichii Chron. Bremens. p. 261.
pp) Bericht der Stadt Bremen wegen neuer Einnehmung des Thums. gedr. Ao. 1638. p. 137.

Sobald Graf Johann von Oldenburg erfahren, daß M. Glanäus seines Dienstes in Bremen erlassen, ohngeachtet der Ertzbischof Hinrich, Hertzog in Sachsen und Westphalen sich seiner angenommen, auch andere Potentaten, als der Churfürst Augustus in Sachsen, Churfürst Johann Georg zu Brandenburg, Hertzog Johann Friedrich Administrator in Magdeburg, Hertzog Julius zu Braunschweig, der Niedersächsische Kreis, ja selbst der König Friedrich von Dännemarck für ihn intercedirten, qq) fasseten Sr. Gnaden den Schluß ihn wieder in Dienst zu nehmen, sandte deswegen einen seiner Räthe nach Bremen, der ihm die Vocation zu Hohenkirchen in Jeverland auftragen, und mit besondern Ehrenbezeigungen abholen muste. Bey seinem Abschied gaben ihm gar viel Bürger mit Thränen das Geleit bis aus der Stadt. Hochgedachter Herr Graf hat ihm zugleich die Superintendenten-Stelle in Jeverland auftragen lassen. Unterdessen veranlaßte die Commission, daß D. Pezelius Pastor in Bremen ward, und daselbst gleich als ein Superint. und Aufseher der Kirchen geehret worden

---

qq) *Dilich. Chr. Brem.* p. 261. *Gifeken de Verit. Corp. Christi* p. 245, 246.

den ist rr). Er hat auch daselbst das Lehramt bis ins Jahr Christi 1604 geführet, worin er sein Leben geendigt hat ſſ). Der Ausgang seines Lebens ist jämmerlich gewesen, indem seine Zunge verlähmet, daß er mehr als ein halb Jahr stumm und sprachlos gelebt, bis er gestorben tt).

§. 12.

D. Pezelius ist ein Feind der Lutherischen Theologen, und ein Freund der Embder.

Nun dieses Pezelii Gemüth war vom ersten Anfang des Wittenbergischen Streits her sehr erbittert wider den alten D. Tilemannum Heſſhuſium und die andern, die den Wittenbergischen Catechismum angefochten hatten, als welche seine und seiner Mithelfer Verstossung aus Wittenberg veranlasset hatten; gleich wie er auch

denn

---

rr) *Hamelm.* Hist. Renat. Ev. in Comitat. Oldenb, Opp. Geneal-Hist. p. 784.

ſſ) *Hoffmann* Lexic. Historic. &c. Tom. II. lit. D. p. 139. G. M. *Köningii* Bibliotheca p. 627. a.

tt) *Mich. Treuge* Calv. Todten-Bette c. 22. p. p. 35-37.

denn ein abgesagter Feind war, derer, die nachmahls die Formulam Concordiæ verfertiget, sie unterschrieben, oder auch ihre Lehre gefolget hatten. Und daher tastete er sie zuweilen in seinen Schriften, sie ihn wiederum, an uu). Das Embdische Ministerium, welches er und D. **Casper Cruciger,** der nebst ihm Wittenberg verlassen müssen, gelegentlich besucht hatte, hielt mit ihm gute Freundschaft, und bediente sich seines Raths xx). Dis war die Ursache, daß, als der Ostfriesische Hofprediger M. **Gottfried Hesshusius** seines Herrn Vaters Quæstiones, oder sogenandte Inquisitional-Articul, in Ostfrießland einführte, D. **Pezelius** A. 1588 wider dieselbige die Feder spitzte, und die dawider abgefaßte Schrift, **Kurze Resolution und Andtwort auff zehen schlipfferige Fragen** D. Til. Hesshusii betitelt, dem Herrn Grafen Johann in Ostfrießland dedicirte yy). Hingegen hatte der alte D. **Tilemannus Hesshusius** einige Jahr vor seinem Ende (welches nach Gottes Willen A. 1588 den 25 Septemb. gewesen) eine Schrift von der Person Christi und heil. Abendmahl wider D. Pezelium

---

uu) *Hamelmann* Andtwort auff die prächtige Vorrede D Pezelii p. 21.
xx) *Pezelii* Vorrede a iiii.
yy) Ibid. a iii it. *Pezelii* Kurze Resolution und Andtwort ꝛc.

lium und seine Mitprediger zu Bremen aufgesetzt zz).

Als nun itzt gedachten Pezelii Vorrede vor dem vorhin gemeldeten Historischen Bericht des Ministerii zu Embden von dem Sacraments-Streit ans Licht kam, und der bereits verstorbene alte D. Hesshusius darin mit angetastet war: gab dessen Schwiegersohn D. Johannes Olearius zu Halle Ao. 1592 den 3 Julii seines sel. Schwiegervaters vorgedachte Schrift, die bisher noch nicht gedruckt war, in öffentlichem Druck unter dem Titel: Widerlegung
der

---

zz) D. Tilemanus Heßhusius Vesalia-Clivensis, nobilis Belga natus A. C. 1526 den 3ten Novbr. Creatus Wittebergæ Doctor & Philosophus A. C. 1550 & Theologus Ao. 1553 den 19 Maii. Goslariæ Superintend. egit ad A. C. 1555. quo dimissus ordine Rostochii, Bremæ, Heidelbergæ, Magdeburgi, Neoburgi in Palatinatu docuit ad A. C. 1569 den 10 Octob., quo Ienam vocatus. Inde dimissus Episcopatui Sambiensi in Borussia A. C. 1574. præfuit & profuit. In Iulia tandem consenuit, defunctus A. C. 1588 den 25 Septbr. M. *Adrian Beyers* Nomenclat. Professor. Ienensium p. 19. Gebb. Theodor. Meieri Monumenta Iulia Ordin. Theologici p. 4. seqq.

der falschen Lehre D. Christoph Pezelii und seiner Mitprediger zu Bremen von der Person Jesu Christi und heil. Abendmahl, durch den Ehrw. Hochgel. Herrn D. Tilemannum Heßhusium, seliger Gedächtniß, beschrieben, heraus aaa). Er selbst Olearius machte eine Vorrede davor, worin er des Pezelii Vorrede vor dem Historischen Bericht widerleget, auch denen Embdischen Predigern vorwirft, sie möchten an dem Historischen Bericht wol kein einziges Capitel gemacht haben, vielleicht daß sein Schwager M. Gottfried ihm berichtet, das Geldenhauer mit daran gearbeitet hatte bbb).

§. 13.

---

aaa) Ioh. Olearius D., Ephorus Hallensis, genererat D. Tilem. Heßhusii, cujus filiam Annam, ex matre Barbara D. Simon. Musæi filia susceptam, in matrimonio habebat. Qui ex causis supra dictis Opus Soceri posthumum in lucem edidit. Die Widerlegung der falschen Lehre D. Pezelii &c.

bbb) D. Olearii Vorrede von der Widerlegung lit. B. ii.

§. 13.

L. Herm. Hamelmann schreibet wider Pezelii Vorrede. Pezelius beantwortet es mit einer Studenten Missive und Päbstlichen Bulle.

So hatte auch ebenmäßig Doct. Pezelius den benachbarten Superint. in Oldenburg Lic. Hermann Hamelmann vor und nach mit lateinischen Scartequen und deutschen Büchern angegriffen. Derhalben auch dieser eine Andtwort auff die prächtige Präfation oder Vorrede D. Chr. Pezelii, über die Bekänntnusse der Prediger zu Embden gestellet, im Druck heraus gegeben. Diese Schrift ward etwas empfindlicher genommen, als jene, des Olearii seine. Denn sie berührte die Hauptfrage, die dazumahl unter beiden Parteyen, nemlich Lutheranern und Reformirten, in Ostfrießland vorschwebte. Ob Embden die itzige Religion von Anfang der Reformation her gehabt oder nicht? Das Embdische Ministerium und die übrigen Reformirte bestunden darauf feste, daß ihre Lehre von erster Reformation an in Embden im Schwange gewesen. Die Lutheraner, und selbsten die

Ost-

Oſtfrieſiſche Herrſchaft, ſuchten das Wider⸗
ſpiel zu behaupten ccc).

Indem nun **Pezelius**, deſſen Raths ſich
die Embder bey dieſen Streitigkeiten bedienten,
in ſeiner Vorrede es ausmachen wolte, und aus
angezogenen Umſtänden zu behaupten ſuchte,
die Reformirte Religion wäre von Anfang in
Embden geweſen; **Hamelmann** aber das
Contrarium in ſeiner Antwort auf dieſe Vor⸗
rede beſtritte: ſo ward Pezelius ganz in den
Harniſch gejaget. Anſtatt einer chriſtl. Gegen⸗
Antwort zur Behauptung ſeiner Sache ließ er
noch im ſelbigen Jahr ein Buch ausgehen,
einer Paſquillen mehr ähnlich als einer Theolo⸗
giſchen Schrift, genandt: **Miſſive oder Send⸗
briefe etlicher Gutherzigen, vnd gelehrten
Studenten, ſampt einer Bäpſtlichen Bul⸗
la an Licent. Hermann Hamelmann, aus
Rom in Deutſchland newlich geſandt.**
Dieſe Schrift war nun angefüllt mit den hef⸗
tigſten Schmähreden und Beſchuldigungen,
nicht allein auf L. Hamelmann, ſondern auch
durchgehends auf die Lutheriſche Prediger in Oſt⸗
frießland eingerichtet. Der harten Schrift hat⸗
te Pezelius ſelbſten eine Vorrede angehängt,

viel⸗

---

ccc) *Hamelm.* Anbtwort auff die Vorrede D.
Pezelii p. 21. *Ubb. Lmm.* in vit. Menſ.
Alting. p. 123. 124.

vielleicht dadurch kund zu machen, daß er Autor von diesem Werk wäre ddd). Diese Beschuldigungen zu bestärcken, hatte Menso Alting an Graf Enno zur Winterszeit dieses Jahres eine Supplication übergeben, worin er den Zustand ietziger Zeiten vortrug, seine Sachen auf beste beschönigte, die Lutherischen Prediger aber beschuldigte, daß sie meistens Leute wären, die aus der Fremde herein geloffen kämen, ungelehrte, lose, wüste Biergurgel, durch welche die Kirche Christi, und die Unterthanen (dafür der Sohn Gottes gestorben) elendiglich zerstöret, und zum zeitlichen und ewigen Verderben geführet würden, durch welche auch allerhand Sectirisches Wesen in Ostfriesland zuerst eingeführet wäre eee). Die Prediger der Augsp. Conf. zugethan, sobald sie einige Nachricht hievon bekamen, hielten bey der gnädigsten Herrschaft ernstlich an, daß Mensoni anbefohlen würde, die Schuldigen zu nennen, und daß gegen die Schuldigen nach Gebühr möchte procediret, der Unschuldigen guter Leumuth aber ge-

ddd) Missive etzlicher Studenten &c. *Emm.* l. c. p. 124.

eee) *Emm.* lib. cit, p. 118. 119. Embd. Bericht von der Evang. Reformat. p. 361. seqq. Gegenbericht der Rechtgl. Prädicant. in Ostfriesland lit. D 4.

gerettet werden. Auf sothanes Begehren fand sich niemand weiter ein, der sie beschuldigte fff).

§. 14.
Die Supplication des Mens. Altingii an Herrn Graf Enno.

Vorhingedachte Supplication des Menso Alting ist mir vor einigen Jahren von einem guten Freund und Liebhaber der Antiquität copeylich mitgetheilt, und zwar also wie am Rande in dem Original einige Anmerkungen befindlich, die allem Ansehen und Vermuthen nach von dem Herrn Grafen Edzardo II. eigenhändig dabey geschrieben. Ich kann nicht umhin dieselbige, so wie ich sie empfangen, diesem historischen Bericht mit einzuverleiben:

Wolgeborner Graff, E. Gn. seinth meine unterthenige bereitwillige Dienste und Christliche Gebett zuvoren.

Gnediger Herr,

N. 1.

Wowol zu E. G. ich keinen sünderlichen Zugang habe, auch in Sorgen stehen muß

fff) Gegenbericht loc. cit.

muß, daß diß mein Schreiben anders, als es
gemeinet, müchte gedeutet werden, dennoch habe habe ich unde gewissens halbenn keinen Umb-
gang haben können, E. G. in Unterthenichheit
zu vermelden, daß es nu leyder in dieser E. G.
Herrn Vaters meines auch gnedigen Herrn
Graffschaft so weith gekommen, daß ein jeglicher Hoff-Prediger eine besundere Inquisition
und Bekentniß des Glaubens einführen, und den
andern Predigern auffdringen wil. Der junge-
re Hesshusius wolte zu seiner Zeit, daß jedermann die glipffrige und mit sich selbst streitige
Inquisition-Articul, welche sein Vater aus Haß
der Warheit gestelt, als ein Richtschnur
des Christlichen Glaubens, und sunderlich der
Lehre vom Abendmahl solten gehalten, und ohne
eine Widersprechung angenommen werden.

N. 2.

Dieser M. Petrus thut derselben kein
gewach, sundern weil er aus Meisen, und nicht
aus der alten Hesshusii Schule kommen, und
unlangest vernommen, daß daselbst ein ander
Inquisition, zwar der Hispanischen nicht ungleich, durch etlichen frechen Theologen der Kirchen sey auffgedrungen worden, undernimpt er
sich, doch unterm Schein eines newen examï-
nis, dieselbe auch in Ostfrießlandt einzuführen.
Sollte

Sollte nun dieser balde hinweg kommen, und jemandt anders ihme succediren, würde die Kirche abermal einer newen inquisition müssen gewertig seyn, und jederzeit das glauben, was der newe Hoff-Prediger glaubt, denn mit den Flacianern und Ubiquitisten, weil sie Gottes Wort verlassen, und ihres Hertzens Frevel folgen, ist nu mehr so weit kommen, der Allmächtige wolle es bessern, daß ein jeder frommer Christ mit dem alten Lehrer Hilario wol sagen mach: Facta est fides temporum potius, quam Evangelii; secundum annos scribitur, non juxta baptismi confessionem; periculosum est, tot fides existere, quot mores.

Nu ist dem Heßhusischen Ungewitter, so baldt es in E. G. Herrn Vaters Graffschafft auffgestanden, durch ein Christliche, richtige, bescheidene Andtwort ziemlich gewehret worden. Darúm auch itzt rathsam erachtet, dem Meißnischen Übel, ehe denn es weiter in Ostfrießlandt, darinne ohne das leyder uneinicheit zu viel ist, einreisset, zeitlich für zu bauen.

Auffdaß aber E. G. eigentlich sehen, und spüren mügen, wie gar gefehrlich, und unauffrichtig bey der Kirchen Christi von den Leuten gehandelt wirdt, habe ich wegen der schuldigen Pflicht, damit wolged. E. G. Herrn Vaters und dessen Landschaft, ich wegen meines göttlichen Beruffs zugethan, in unterthenichkeit nicht

unterlaſſen wollen, E. G. auch den Chriſtl. wol-
gegrundeten Gegenbericht zu kommnn zu laſſen.
Und das umb ſo viel deſto mehr, daß ich in ſo
groſſe Sorge ſtehe, es werd der itzige Hoff-
Prediger mit Verfolgung frommer Paſtoren
ſeiner Inquiſition auch ein Anſehent machen
wollen, wie der Heſſhuſius vorhin zu Norden
gethan, wofern, wolged. E. G. Herr Vater
mit weiſem Rath dem ungebührlichen practiziren
nicht für kompt. Denn es werden böſe Buben,
und Bauchdiener, welche ein Schandflecken dem
heiligen Evangelio, und jedermann mit ihrem
Vehiſchen fullen Weſen zum Anſtoß ſindt, von
ihnen nicht verjaget, wie teglich für Augen: ſun-
dern die nach Gottſeeligkeit und Erbarkeit ſtre-
ben, Gott und ſein Wort, mehr bey ſich gelten
laſſen, denn Menſchen Gedicht und Unordnung,
die müſſen mit unglimpff angeſetzet, und ohne
Barmhertzigkeit vertrieben ſeinn.

No. 3.

Wie nun mehr Wolged. E. G. Herrn
Vatern, und ſeiner G. unterthanen mit ſolcher
unnöthigen und unbilligen Neuerung gedienet
werde, gibt die betrübte erfahrung. Denn es
eben gehet, wie Salomon ſagt: Deficiente pro-
phetia diſſipatur populus: Beatus autem, qui
legem obſervat. Nam immota eſt regula:
Ho-

Honorantes me honorabo, sed contemnentes me, contemnentur. Item promiſſio certa: Qværite ante omnia regnum Dei & juſtitiam ejus, & omnia adjicientur vobis. Welchen Göttlichen gnedigen zuſagen ſich mehr wolged. E. G. Herr Vater itzt und zukünfftig zu tröſten haben, woferne ſie dem göttlichen Befehl in ihrer Regierung nach beſtem Vermügen nachſetzen werden, und mehr nicht zulaſſen, daß durch loſe, ungelehrte, wüſte Biergurgel, wie dann die meiſte Paſtoren im Lande ſindt, die arme Kirche ſo elendich laſſen werden zerſtöret, und die unterthanen, für welche der Sohne Gottes geſturben, zum zeitlichen und ewigen Verderb verführet.

Demnach mach ich E. G. in unterthenichheit ferners nicht verhalten, das die von der newen Müntz, der Kirchen und Bürgerſchafft zu Verdrieß, auch allerley newerung wider die von offt wolged. E. G. Herrn Vater löblichen beſtetigte, und umfaſt ſiebenzehn Jahren langk mit groſſen Ruhm unterhaltene Almoſen-Ordnung fürgenommen, damit jo nichts gutes von ihnen unangefochten bliebe.

Denn ungeacht, das ihnen von E. G. Herrn Vater in itz gedachter Confirmation austrücklich verbotten, daß ſie ſich aller Collecten und Almoſen ſamlen enthalten ſollen, ſie auch darauff mit den Vorſtenders des gaſthauſes und der Haußſittenden Armen ſich dergeſtalt gütlich

ver-

vergleichet, daß sie mit denen auff der Müntzen gesamleten Almosen ihre arme Communicanten versorgen wollen, die andere Armen solten ohne Unterscheid der Religion von den verordneten Vorstendern vermög der Ordnung unterhalten werden, so haben sie nu diß alles eingebrochen, machen ihnen Umbgenge in der Bürger Häuser, hangen ihre Büchsen in den Weertzhäusern, und unterlassen nichts, was der guten Ordnung zum Abbruch gereichen möge.

Uber das lassen sie sich daran nicht vergnüegen, das sie ihre abgesünderte Schulen haben, sünder andere bürgerliche Schulen wollen sie mit gewalt durch die Fußknechte abschaffen, unangesehen, daß der Herr Bürgermeister und Amtsverwalter sich erkläret, daß er nunmehr keinen Befehl davon entfangen und gegeben habe.

Wenn denn sülches eigenwilliges fürnehmen in der lange anders nicht denn Verbitterung und Unruwe zwischen E. G. Herrn Vaters getreuwen friedsamen Bürgerschafft erregen kan; als bitte E. G. ich unterthenichlichen, sie wollen den lieben Frieden bey ihrem Herrn Vater, meinen auch gnedigen Herrn, durch eine gebürliche Intercession erhalten, daß denen von der Müntz dem Gräfflichen Bevelich, und darauff erfolgten Vertrag gehorsamlich und gutwillig nachzukommen von neuen aufferlegt, und ander Mühe und Newerung sich hinferner zu enthalten befohlen werde.

werde. Desto mehr weil sie selbst wissen, daß der **Gerhardus Oldenburg**, welchem sie zu gefallen solche Unlust in der Schul-Ordnung anrichten, ein füller Bruder ist, dem keine Religion angelegen, wie E. G. daraus vernunfftiglich zu erfassen, daß er zu Oldersum im Schuldienst diese Lehre erkennet, auff derselben Bekenntniß herinne kommen und noch vorm Jaer mit der Kirchen vereinigen wollen, wo wirs nicht anderer Sachen halben zurügk gehalten.

Das nun einem solchen leichtfertigen Gesellen zu gefallen, Unlust solle angerichtet werden, und alle Leute betrübet, weiß ich, das offt wolged. E. G. Herr Vater, auch E. G. selbst nach Gräfflicher bescheidenheit nimmer billigen werden.

Darüm ich rathsam befunden. E. G. in zeit ümb ein günstige fürbitte bey Ihren Herrn Vater anzuruffen, damit nicht noth sey, das S. G. von der guten Bürgerschaft des wegen mit suppliciren bemühet werden.

Dan ob sie wol allerley Trotz und Ungleich, Ihren Gnädigen Herren zu Ehren, von denen auff der Müntz biß daher mit grosser Gedult vertragen, so ligt doch der Grull im Hertzen, und gebüret denen auf der Müntz gar nicht, mit teglichen Zerren und unbilligen Reitzen aus der Gedult ein Ungedult zu machen.

Bitte

Bitte gantz demühtig und unterthenich, E. G. diß alles von mir, as von einen getreuen Kirchendiener, der es mit E. G. Herrn Vater und dero Unterthanen, wie dem Hertzenkündiger Christo bekannt, hertzlich gut meinet, anders nicht, dan in Gnaden vermercken wollen. Denn mein Herr Christus weiß, daß ich hiemit nicht meine, sünder alleine seine Ehre suche, auch E. G. Herrn Vaters, und der frommen unterthanen zeitlich und ewich wolvarth. Gott den niemand betriegen kan, ist mein zeuge, Gnediger Herr, wenn ich wüste oder mit Gottes Wort überzeuget würde, daß dieser Kirchen Lehre unde Bekentniß, wie sie im Catechismo verfasset, unde sünst ausgangen, im geringsten mangelhafft wete, wolte ich es unbeswert, Gott meinem Vater zu Ehren, seiner Kirchen und mir selbst zum besten von gantzem Hertzen bekennen.

Weil der Widerpart aber keine richtige Bekentniß ihrer Lehre ans Licht bringet, sondern sich mit Lesterung, und von andern geflickten, ungegründten, losen Fallstricken behülfft, unter sich uneinich und streitig ist; sintemahl der eine die Ubiquität verthediget, der ander verwirfft; sich der Augsb. Confession fälschlich rühmet, in erwegung die nichts lehret von der Ubiquität, auch nicht von einem verborgen Leib Christi im Brodt, vielweniger ein mündlich essen des Leibes Christi, Verwüstung und Trennung der wolgeordneten

Evan-

Evangelischen Kirchen, auch kein Gottloß Epicurisch Leben, mit welchen stücken dieser neuer Prediger unter den Nahmen der Augspurgischen Confession Ostfrießland verwüstet, die Bekentniß dieser Kirchen nicht ordentlich anfechten, und dennoch muthwillig unsinniger Wyse verketzert und verdammet, frembder Theologen Hader, damit diese Kirchen nichts zu schaffen gehabt, und noch nicht haben, mit den Herren herein ziehet, alle gute Ordnung, so unter den predigern pflegen zu seyn, mit Füssen trit, ihre armen zuhörern den einen Bacho, den andern den schedlichen Secten auffopffert.

So kan uns kein redlicher Verständiger verdencken, das wir bey der in Göttlichen Wort gegründeten, und durch Gottes Gnaden erkandten Warheit bestendiglich verharren, und uns von solchen blinden Leutern, welche weder Scheinn der Warheit, noch eines Gottseligen Wandels haben, nicht irre machen, vielwenig verführen lassen.

Dis ist, welches ich Gott meinem Herrn im Himmel, auch E. G. als nechst Gott meinem gnedigen Herrn auff Erden, wegen der Betrübten Braut Christi mit unterthenigen wehemüthigen Hertzen bitterlich und flehentlich wil geklaget haben. Vertruwe gentzlich, und bitte unterthenichlichen, E. G. woll mich armen diener Christi in Ungnaden nicht verdencken, sich der Kirchen Noth gnedichlich angelegen seinn lassen, dieselbe E. G. Herrn Vatern meinem gnedigen Herrn mit gebührlicher Reverentz zu gemüthe führen, und mein gnediger Herr sein und bleiben.

  E. G. der ich mit allen schuldigen Pflichten zu dienen jeder Zeit erbötig, sampt deroselber Herrn Vater und Frauw Mutter, und allen E. G. Angehörigen in Gnadenreichen Schutz des Allmechtigen mit meinen innerlichen Gebeth befehlende. Datum in E. G. Herrn Vaters Stadt Embden den 13 Decembris anno 94.

E. G.
unterthenniger Kircherdiener
Menso Alting.

Anmerkungen, so am Rande gestanden, deren Stellen ich mit N. 1. 2. 3. bezeichne.

  N. 1. **Menso** bedarff sich kein Gewissen machen, nachdem er zu keinen Superintendenten angenommen. Auch muß er beweisen, daß unsere Hoffprediger ein jeder ein neu Bekäntnuß hat des Glaubens geführet, und andern Predigern auffgedrungen.

N. 2.

N. 2. Menso greifft um sich viel zu weit, er sollte, die unsere verstehen, und gewiß glauben, daß unser Glaube, Gottlob! aus Gottes Wort gewissen Grund hat.

N. 3. Er soll beweisen, daß wir solche Predigern angenommen, oder annehmen, denn wir, Gottlob! keine Wende Hörken zu Predigern gehabt, und wenn es so, weren wir ja nicht auff Hesshusio oder M. Petro getaufft, sunder auff Christo, und wollen deshalben mit ein guth Gewissen vor dem Richtstul Christi tretten. Wie Menso mit seinem bestehen wird, das mach er erfahren, wenn er sich nicht bekehret.

Die Prediger in Embden (oder vielmehr Menso Alting) haben nachmahls zur Vertheidigung dieser Supplication ein oder anders vorgebracht ggg). Was zu diesem Zeiten über dieselbige angemercket worden, ist in der Ostfriesischen Historie und Landesverfassung zu lesen hhh).

§. 15.

ggg) Embbisch Bericht von der Reformat. p. 361-365.

hhh) Ostfries. Histor. Tom 1. lib. 7. N. 48. p. 410-412.

§. 15.

Ligarius schreibet einen Gegenbericht auff D. Pezelii Vorrede und Studer Missive.

Indem aber also nicht nur D. Pezelius, sondern auch Menso Alting in seiner Supplication, die Lutherischen Prediger in Ostfrießland angegriffen; der letztgedachte auch selbst über den Hof-Prediger M. Petrum Hesse sich beschweret hatte: so waren itztgedachte Prediger hiedurch genöthiget, sich und ihre Sache schriftlich zu vertheidigen iii). Die Feder zu führen ward dem Ligario, als einem alten und in der Ostfriesischen Begebenheiten wolerfahrnen Theologo, aufgetragen. Dieser weil er viel Dinge selbst erlebet, viel Dinge von andern glaubwürdigen Leuten gehöret, ohne Zweifel zu Hofe auch verschiedene Nachrichten selbst gesehen hatte, nam diese Bemühung auf sich, und schrieb einen **Warhafftigen Gegenbericht der rechtgelaubigen Predicanten in Ostfrießland auff des D. Petzels Vorrede vber das Embdische Buch, Vom handel des Abentmals.**

iii) Emb. Bericht von der Evang. Reform. p 362.

mals. Anno 1590 zu Bremen außgangen; Imgleichen eine Antwort der Rechtgelaubigen Predicanten in Ostfrießlandt auff die Missive oder Schände-Brieff etlicher erdichteten Studenten vnd Brem-Embdischen Kauffleuten, vmb das Embdische Buch und des D. Pezelii Vorrede zu beschirmen. Beide Tractätlein wurden zusammen als ein Werck Ao. 1593 zu Embden gedruckt, und den 10 Julii dem Herrn Grafen Edzard selbst dediciret. Die Erzehlung von den Ostfriesischen Reformations- und Kirchen-Händeln lautete hier gantz anders, als Pezelius in seiner Vorrede berichtet hatte. Und weil dieser in seiner Missive sehr ehrenrührig geschrieben hatte, ward ihm wieder mit einer scharfen und harten Antwort begegnet, dabey dann Menso auch nicht vergessen ward kkk).

§. 16.

Die neue Kirchen-Ordnung Herrn Gr. Edzardi II.

Immittelst hatte der Herr Graf Edzard eine neue Kirchen-Ordnung verfertigen lassen, da-

kkk) *Emm.* in vit. Alting. p. 124. 125. Warh. Gegenbericht der Rechtgl. Prädicanten :c.

dadurch, so etwa einige Unordnungen möchten eingeschlichen seyn, dieselbige zu heben, und allen bösen Nachrede künftig vorzubeugen lll). Der **Gräfliche Befehl,** welcher als eine Vorrede der Kirchen-Ordnung vorne angeschrieben ist, lautet also:

Wir Edzardt Graff und Herr zu Ostfrießland ꝛc.

Entbieten den Würdigen, Unsern lieben andächtigen Pfarherrn und Predigern des h. Göttlichen Wordtes in unsere Graffschafft, auch allen unsern Unterthanen, wes standes, wesendes und Condition dieselben seinn, unsern gnädigen und geneigten Willen, und fügen euch sämptlich und sonderlich hiemit zu wissen. Nachdem durch Gottes des Allmächtigen Gnade sein Seligmachende Wortt auch in Unsern, wie in vielen andern Evangelischen Landen eine geraume zeit nach abschaffung des Bapstums mit reiner Lere und rechtem gebrauch der heil. Sacramenten in Gottseliger Ubung geweßt, dafür der Göttlichen Güttigkeit lob, Ehre und danck gesaget wirdt, und der Wolgeborner Unser vielgeliebter Herr Vater (wolseliger gedechtniß)

daßelb

---

lll) Gegenbericht der Rechtgl. Prädic. lit. F 5.

daßelb mit der Augßburgischen Confession anno 1530, vnd folgentz mit der Lüneburgischen Kirchenordnung anno 1535 öffentlich vnd beharrlich angenommen, vnd befürdert, dazu auch die Stände vnd Landschafft dieser vnser Graffschafft in zutragenden Religions-Beschweringe sich jederzeit bekant vnd beruffen; Vnd aber vor etzlichen vielen Jaren vnd aus vielen Vrsachen allerley Irrungen, Vnrichtigkeit vnd ergerliche Veränderung in der Religion vnd Kirchendienst sich zugetragen vnd gehauffet. Als haben wir in der furcht Gottes behertzigt, wie eine Christliche Obrigkeit schuldig ist, dem Allmechtigen gehorsamlich zu dienen, nicht allein in erhaltung guter Policei, Bürgerlichen friede, Ruhe, zucht vnd erbarkeit: sundern auch vnd für alles zu preyß vnd Ehr seines heiligen Nahmens, fürderung vnd außbreitung seines heilsamen Worts, Vnd erbawung seiner vielgeliebten Kirchen, vnd das die Bürgerliche Policei vnd regierung nicht godtselig noch von Gott gesegnet mag seinn, da die Religion vnd das Reich Gottes nicht am ersten gesuchet vnd gehandhabet wirdt. (Ps. 2. Es. 49. Deut. 17.)

Haben derowegen als ein Mitgenosse der heiligen Christlichen Kirchen (der wir auch zu dienen geneigt, vnd von hertzen begerich) diese Kirchen Ordnung nach erförderung der sachen vnd gelegenheit Vnser Graffschafft lassen ver-

D 4   fer-

fertigen. Sehen auch nicht liebers, den das es zu Wolfahrt Vnser von Godt vns anbefohlen Unterthanen, zur gewünschten vnd lieben Einigkeit, vnd zum guten Nahmen bey den rechtglaubigen benachbarten Kirchen Christi gereichen möge, da Godt der Allmechtige (des die sache ist) sein gnedig gevallen vnd segen zu geben wolle.

Vnd wir vermanen hiemit abermals alle vnsere Kirchendienere, Beampte, vnd Vnterthanen samptlich vnd sonderlich, daß ihr bey dieser Kirchen-Ordnung getrewlich halten vnd bleibet, wie ihr das gegen Vns alß ewre ordentliche Obrigkeit auf Erden, zuvorderst aber gegen der Gödtlichen Majestett selbst zu verantworten, wen Er vns allen vnd einen jeden, nachdem er recht oder übel geglaubet, gutes oder böses gethan, vergelten wirdt. So wollen wir auch jederzeit bey ewers Amts getrewe Verrichtung euch allen gebürlichen schutz vnd obhandt darreichen, vnd solches in gnaden erkennen. Datum 2c. Diese Ordnung unterschrieben den 1 Augusti 1593.

Der Hoffprediger M. Petrus Hessus. die beiden Prediger in Norden Bernhardus Elsenius und Theodoricus Schünemannus. Johannes Holthusius Pastor in Aurich. Die beyden Pastoren zu Marienhave Christophorus Alberti und M. Otto Westenbordh. Baltazarus Ulferdi

Ulferdi Pastor in Nesse. Gerhardus
Wilhelmius Pastor in Arrel. Eibo Jnen
Reershemius Pastor. Johannes Re=
derus Past. Thuaricus Hajen Frede=
burgensis Past. zu Wolthusen. Grego=
rius Ouvermeier Past. zu Hage. Luu=
erdus Holthusius Past. zu Wockwerd.
Ulricus Boelen Past. zu Westerripe.
Bernhardus Gerardi Past. zu Engerhave.
Broderus Poppius Past. zu Hinta.
Matthias Blancke Past. in Süderhusen.
Johannes Ligarius mmm).

§. 17.

Gravamina, die auf öffentl. Landtag übergeben worden.

Auf Anhalten der Landstände ward des folgenden Jahres 1594 im Martio ein Landtag
zu Aurich gehalten, worauf ersucht ward, daß
von Sr. Gnad. die eine geraume Zeit angewach-
sene Gravamina möchten abgethan werden. Es
geschah auf Gräflicher Seiten den 13 durch D.
Eri=

---

mmm) Agenda hæc Ecclesiastica adhuc adservan-
tur in certa qvadem Frisiæ nostræ Ecclesia.

Ericum Limburg eine solche Proposition, woraus eine gute Hoffnung geschöpfet ward nnn).

So gaben darauf den 15. die gemeinen Landstände ihre Gravamina generalia ein, in welchen sie sich beschwereten, daß im Kirchenwesen Prediger auf- und abgesetzet, den Gemeinen ihre freye Wahl genommen, und die Gewissen mit Religionszwang wider das alte Herkommen und des Landes Freyheit, bedrenget würden; auch bey einigen Gemeinen die Beneficia Ecclesiastica und Kirchen Güter angetastet, die alten Intraden bekürtzet, oder auch gar genommen, und anderwerts hin verwendet würden. Im Policeywesen klagte man über den Mangel der Justitz, und daß die Hoffgerichts-Ordnung nicht beobachtet würde; über Parteylichkeit und Unordnungen im Collecten Werck, und bey Ausschreibung der Landtage; über die häufige Einnehmung und den Wucher der Juden; über die Monopolia; über die Eindeichung neuer angewachsenen Landen ohne Ueberlegung mit den Landständen. Endlich beschwerte man sich auch daß die Closter Güter zu der gemeinen Schatzung nicht beytrügen; und daß die Quelle alles Unheils wäre, daß zu Sr. Gnaden Landes-Regierung fremde, außländische, und dieser

Graf-

---

nnn) Apolog. Embd. p. 52. Conf. Ostfries. Hist. Tom. II. lib. 7. n. 2 p. 1097.

Graffschaft alten Herkommens, guter Gebräuche und Landes-Gewonheiten unerfahrne Räthe, Drosten, Amtschreiber, und dergleichen Officianten gebrauchet würden. Welches alles zu remediiren unterthänig gebeten ward ooo).

Den 16 Martii gaben die Städte Embden, Aurich und Norden ihre Special-Gravamina ein. Embden fand sich beschwert wegen der Predigten auf der neuen Müntze, woraus alle Diffamation, welche in dem neulich ausgegangenem Lästerbuch (dis solte Ligarii Gegenbericht seyn) sich befünde, seinen Ursprung genommen hätte, auch alle Bürgerliche Verbitterung entstanden wäre; wegen der Kirchengefälle, davon ihren 4 Predigern und Schulbedienten etwas entzogen, insonderheit 72 Grasen Landes abgenommen wären ppp). Ubbo Emmius berichtet, daß ein Theil hievon an den Prediger und Gottesdienst auf der neuen Müntze sey verwendet worden qqq). Was sonsten die Embder begehret, daß die Verwaltung der Kirchengüter

ooo) Apol. Embd. Beylag. lit. C. p. 5——24.
ppp) Ibid. p. 24-31.
qqq) *Cum Census quoque, alendis Ecclesiæ ministris & iis, qui in schola pueros docent, jam olim a Majoribus dicati, in usum schismatis a Comite verterentur &c.* Ubb. Emm. in vita Mens. Alting. p. 109. 110.

guter ehrlichen Bürgern möchte anvertrauet; mit der Wählung Bürgermeister und Rath aufrichtig gehandelt, und die Erwehlte sowol in der Stadt und Bürgerschaft, als Sr. Gn. Eid möchten genommen werden; daß ferner die Zollsteigerung, Imposten, Accisen, u. s. w. abgeschaffet, die Rollen der Gilden und Zunften wieder in Stand gebracht, der Stadt Schlüssel und Losung bey der Stadt bleiben und nicht nach Hofe gebracht; das Richtschwerdt und die Schandtonne, als zur Stadt-Justice gehörig, von der Gräflichen Burg wieder in die Stadt gebracht werden möchte, und dergleichen Dinge mehr rrr). Solches alles ist zu lesen in den Beylagen der Embder Apologiá, woselbst auch die Gravamina Specialia der Norder erzehlet werden sss).

§. 18.

Der Stadt Aurich Gravamina und Ansuchen.

Die Stadt Aurich hatte sich über Religions-Veränderung nicht zu beschweren, weil sie von Anfang der Reformation her der Augsp. Con-

rrr) Apol. Embd. Beylag. lit. C. p. 26. seqq.
sss) Ibid. p. 35. seqq.

Confession zugethan gewesen, und auch beständig allewege dabey geblieben: sie war aber mißvergnügt, daß der Herr Graf eine Zeit her den **Papenkamp,** welcher auf der Westseite an der Stadt liegt, und womit die Vor-Aeltern die Pastoren in Aurich dotiret gehabt, denen Pastoribus oder Ober-Predigern entzogen, daher baten die Auricher des Kampes Restitution. Sie hielten auch an, daß sie mit der **Wage** und dem dazu gehörigen Hause möchten von Sr. Gn. begnädigt werden, mit dem Versprechen so viel aus der Stadt Mitteln dafür an die Kirche zu geben, als die Wage Heuer thun könte, das übrige aber getreulich zur Stadts Besserung anzulegen.

Ferner so baten die Auricher 1) daß sie in der Possession ihrer angeerbten, angekauften, oder mit schweren Unkosten auf Consens der hohen Obrigkeit angegrabenen Heidlanden, Zäunen, Gärten, und Werffe, und derselben Gebrauch unbeunruhigt gelassen werden möchten. 2) Daß Sr. Gn. die **Bleiche,** welche sie auf der Süderseite der Stadt von der allgemeinen Bürger-Weide abgraben lassen, nahe bey der Bürgerbleiche, der Stadt, als einen ihr zugehörigen Grund wieder abstünde. 3) Daß nachdem die **Stadt-Mühle,** ohne Bewilligung der gemeinen Bürgerschaft, von den damahligen Bürgermeistern und etlichen Bürgern vor einigen Jahren Sr. Gnaden zugestanden, dergestalt, daß
der

der Stadt dafür von den Clostergefällen zu Ihlo jährlich 40 Gulden sollten als Rente ausgefolget werden, selbiges aber nicht erfolget, entweder die Mühle wieder abgetreten, oder auch die 40 Fl. jährlich der Stadt zum besten abgetragen werden möchten. 4) Daß, da Sr. Gnaden Vorfahren die Stadt mit dem Weinkeller, und 3 fremden Bierhäusern geprivilegirt, sie selbst auch solche confirmiret, die Stadt bey solcher Gerechtigkeit gnädig möchte geschützet werden.

So viel das Stadt-Regiment betrift, so hielten die Auricher an, daß 1) Bürgermeister und Rath, samt dem Stadt Schreiber, sowol der Bürgerschaft, als Sr. Gnaden schweren möchten, welches nun eine Zeit her in Abgang kommen. 2) Die Schlüssel der Stadt altem Herkommen nach bey der Bürgermeister einem, und nicht ferner auf der Burg, verwahret werden möchten. 3) Zum Stadtschreiber ein Bürger, der die Stadtgefälle zu empfangen und zu berechnen qualificiret, anstatt des auffgedrungenen Fremden, ihnen nach alter Gewohnheit gestellet werden möchte. 4) Ihnen 12 Deputirte, oder wenn es nöthig 24 zu wählen möchte vergönnt seyn und aus denselben zween Schützemeister, welche sie jährlich nach ihrem Willen auf und abzusetzen bemächtigt wären. 5) Die Schützemeister dem Gerichte möchten beywohnen, und

und die Stadtschreiber dahin gehalten würden, ihnen samt den andern Gedeputirten von den Einkünften der Stadt jährliche Rechnung zu thun. 6) Die Gedeputirte, wenn, Beschwerungen vorfielen, solches in Zeit der Noth der gemeinen Bürgerschaft sollten vortragen. 7) Wenn ein Bürgermeister sollte mit Tode abgehen, Sr. Gn. nach dero Gefallen einen aus den Gedeputirten gnädigst wieder erwehlen wolte.

Endlich so ward gebeten daß alle Einwohner der Stadt Aurich, sie wären Herrendiener oder nicht, gleiche Beschwerden mit Wachen, Bollwercken, Graften, Pforten zu bearbeiten, Wachtgeld geben, Wege und Stege machen, und dergleichen Bürgerlichen Lasten, den Bürgern gleich gemacht; im übrigen aber, weil eine gehorsame Bürgerschaft mit allerhand Auflagen, unzehligen Hofdiensten, Bothenlohn, und Brief-Gelder beschweret worden, selbiges gemindert; auch niemand in der Stadt sich niederzulassen geduldet werden möchte er hätte dann ins Stadt-Buch als ein Bürger sich lassen einzeichnen ttt).

§. 19.

ttt) Apolog. Emb. Beylag. lit. E. p. 31-35.

§. 19.

Die Ostfriesischen Stände verbinden sich mit einander.

Nachdem nun die anwesenden Stände auf diesem Landtag neun Tage lang zugebracht, und mit ihren eingebrachten Gravaminibus nichts sonderlichs ausgerichtet hatten, kamen sie auf Anrathen der Ritterschaft den 22 Martii in der Kniephäuser Behausung mit einander zusammen, und verbunden sich getreulich an einander zu halten, und im Fall die Landesbeschwerungen nicht abgethan oder gemindert würden, ihre Sache auf gemeine Kosten bey dem Kayser oder verordneten Kayserlichen Commissarien in Güte, zu Rechte, oder in was Wege es am besten geschehen könte, auszuführen, gleichwol mit dieser Bescheidenheit, daß ein jedes Theil sich in terminis der Kayserl. Verordnung und aller unterthäniger unverweißlicher Gebühr verhalten, und nichts de facto außerhalb gemeinen Rath und Zuthun attentiren noch beginnen sollte. Solches alles haben die anwesenden Landstände einander angelobet, uud darüber einen Notarium requiriret; der solches ad notam nehmen, und darüber ein gehöriges Instrumentum verfertigen sollte. Dieser Abschied ist zu lesen in

der

der Embder Apologia. Nach sothaner Verbindung sind die Stände wieder von einander gereiset uuu)

§. 20.

Die Embder befördern einen Bericht von der Reformation in Embden zum Druck.

Das Embdische Ministerium inzwischen, welches durch Ligarii Gegenbericht sich sehr beleidiget hielt, hatte nicht gesäumet, durch Menso Alting eine neue Schrift aufsetzen zu lassen, worin die Meinung befestigt würde, daß Embden von Anfang der Reformation her wäre Reformirt, oder solcher Lehre zugethan gewesen, als daselbst zu dieser Zeit gelehret und geprediget würde xxx). Und also ward Ao. 1594. ein Bericht von der Evangelischen Reformation der Christlichen Kirchen zu Embden und

uuu) Apolog. Embd. p. 53-55. Die Gravamina der Ritterschafft sind in Beylag. lit. C. p. 38. seqq. Histor. nostri Tempor p. 249.
xxx) Emm. in vit. Mens. Alting. p. 125. 126.

und in Ostfrießland von 1520 biß auff d[en]
heutigen Tag heraus gegeben; Dieses Bu[ch]
war ebenmäßig zu Bremen gedruckt, und füh[rt]
Menso darin eine gar harte Feder wider [die]
Lutherschen und ihre Lehre, insonderheit mu[ß]
Ligarius herhalten, auf welchen aller Eifer m[it]
vollen Strömen ausgeschüttet ward. Jedo[ch]
ward des Hesshusii auch nicht verge[s-]
sen yyy). Unter den Erzehlungen waren ei[nige]
Sachen, die der Herr Graf Edzard nicht so
wol auf die Hofprediger als auf sich selbst g[e-]
mützt zu seyn urtheilte, und sie als ungegründ[e-]
te und und ungebührliche Nachreden achtete zzz[)].
Und weil er alle (von einigen Jahren her erzeh[l-]
te) vorgegangene Dinge betrachtete, fürnehmli[ch]
aber, wie Menso die Ursache und der Urhebe[r]
gewesen, daß bey dem Hochgräflichen Leichbe[-]
gängniß seiner in Gott ruhenden seligen Toch[-]
ter, Fräul. Margreten, Christliches Anden[-]
ckens, vor einigen Jahren in der Stadtkirch[e]
von seinem Hofprediger keine Predigt hat könn[en]
gehalten werden; ja wie derselbige sich der L[u-]
therschen Lehre, dem Gottesdienst auf der Neu[en]
Müntze, und andern seinen Verordnungen [
hart

yyy) Gründtlicker warhafftiger Bericht van d[er]
Euangelischen Reformation rc. gedruckt t[
Bremen Ao. 1594

zzz) *Bernh. Elsenii* Denckw. Begebenh. p 11.

hart und beständig widersetzte, faßte er den
Schluß, ihn von seinem Dienst abzusetzen, und
aus Embden wegzuschaffen aaaa).

§. 21.

Der Reformirte Gottesdienst wird in
Gröningen eingeführt.

Nun begab sichs, daß bey dieser Zeit die
Stadt Gröningen an die Herren Staaten
der vereinigten Niederlanden überging. Prinz
Mauritz von Nassau ging den 20 May vor
die Stadt und belagerte sie, brachte es auch so
weit, daß sie sich den 13 Julii mit Accord übergab. Unter denen Puncten des Vertrags war
dieser mit, daß Graf Wilhelm Ludowig von
Nassau als Stadthalter und Gubernator zu
Gröningen und Omlanden, laut der Commission der Herren Generalstaaten erkannt, angenommen, und empfangen werden sollte. Imgleichen daß in der Stadt Gröningen und Landen keine
andere Religion dann die Reformirte, sollte ge
übet werden. Also führten Fürst Mauritz
und sein Vetter Wilhelm Ludwig nach geschehener Uebergabe den Reformirten Gottesdienst in
Grö-

aaaa) Apolog. Embd. p. 60.

Gröningen ein bbbb). Zu diesem Werck hatten hochgedachte Herren Grafen vornemlich Mensonem Alting aus Embden dahin berufen, da er nebst andern dahin berufenen Theologen das Reformations-Werck einrichten, und in Stand bringen sollte. So bald Menso deswegen Briefe empfangen, trug er den Inhalt derselben dem Kirchenrath in Embden vor, da dann Einige in solchem Rath hierüber Schwürigkeiten machten, andere für gut und recht befunden, solche Mühwaltung auf sich zu nehmen. Wie Men so vernommen, daß sie nicht alle einstimmig waren, hat er begehret, daß ihm die Ueberreise möchte verweigert werden, damit er sich entschuldigen konte; wofern aber sie solches nicht bey Zeiten thäten, würde er in Gottes Nahmen reisen cccc). Und so setzte er auch seine Reise fort, indem so bald keine Antwort kam, und hielt in Grönningen den 17ten Julii die erste Reformirte Predig über Psalm CXVIII, 22. 23. 24. worauf e

dann

bbbb) Eman. v. Meteren Niederländisch Hist. lib. 17. d. 721-724. P. Winlemii Chronyck v. Vrieslandt, lib. 19. fo 815. seqq. Wicht Annal. Fris. p. 275 276.

cccc) Emm. in vit. Mens. Alting. p. 126-129 Apol. Embd. p. 56-58.

dann mit den übrigen Theologen allda eine Kirchenordnung stellete dddd).

§. 22.

Die Erkiesung der Reformirten Theologorum zu dem Reformations-Werck, insonderheit des Mensonis erfähret der Ostfriesische Cantzler im Lager, und überbriefet sie.

Zu der Zeit, da es mit der Uebergabe der Stadt vor war, hatte der Herr Graf Edzard seinen neuen Cantzler Conradum Westerholt ins Lager gesandt, denen Generalstaaten, wie auch Grafen von Nassau über

die

---

dddd) Primus concionem habuit die XVI. Calend. Augusti Menso in templo urbis maximo Martini Turonensis memoriæ sacro. Hunc secutus est postrie eodem in templo Sibrandus Lubbertus, & post eum Martinus Lydius, uterque Theologiæ Professor in Academia Frisiorum Franekerana, qui easdem ob causas, ob quas Altingius, Gröningam advocati fuere. *Emm.* in vit. Alting. p. 128. 129. Harkenrohts Emdens Herderstaf. p. 14.

die bisherige glücklichen Siege zu gratuliren. So bald dieser vernam, daß **Menso Alting** verschrieben war, die Reformation in Gröningen in Stand zu bringen, eeee) berichtete er solches an den Herrn Grafen, der alsobald den 14ten Julii einen Befehl nach Emden an Bürgermeister und Rath ergehen ließ, worin Menson sollte anbefohlen werden daheim zu bleiben, widriges Falls er seines Dienstes entsetzet seyn sollte. Der Rath sagte hievon Mensoni nichts, sondern ließ ihn reisen, entschuldigte sich hernach deswegen bey Sr. Gnaden, daß sie besorgen müssen, im Fall sie solches Anschreiben vorgelesen hätten, daß alsdann bey der Bürgerschaft sowol, als bey den benachbarten Provinzen solches allerhand Unwillen gebären möchte ffff).

Den 10 August erging ein neuer Befehl an Bürgermeister und Rath, daß weil Menso propria auctoritate, ohne Gräflichen Consens und Vorbewust, zur Verkleinerung der Herrschaftlichen Reputation nach Gröningen gereiset, und sich daselbst für einen Superintendenten gebrauchen lassen, sie demselbigen andeuten sollten, sich der Canzel gänzlich zu enthalten, auch nicht zu verstat-

eeee) *Emm.* in vit. Menf. Alting. p. 129, 130 Apol Embd. p. 58.

ffff) Der Gräffl. Befehl ist in Apolog. Embd Beylag. p. 44. 45.

statten, daß er eine Valet-Predigt hielte. Als nun Menso wieder heim kam, ward demselbigen den 13 August der Gräfliche Befehl kund gemacht. Darauf hat folgendes Tages die Bürgerschaft sich entschlossen, mit Darstreckung ihres Guts und Bluts Mensonem in seinem Amt zu schützen, und weil die Vocation und das Absetzen der Prediger und Schulbedienten bey der Stadt und Bürgerschaft stünde, von solcher habenden Gerechtigkeit mit nichten zu weichen, auch auf keinerley Weise zugeben, daß ihr ordentlicher Kirchendiener sich der Cantzel, so ihnen zustünde auch nur eine Stunde enthalten solte. Sothane Bürgerliche Resolution trugen sie Bürgermeister und Rath vor, mit dem Begehren, daß sie, als deren Amt und Pflicht heischte jura populi intacta conservare, oder die Freiheit des Volcks ungekränckt zu bewahren, in diesem allen mit ihnen einstimmig seyn, auch bei Sr. Gnaden verschaffen möchten, daß das Müntz-Werck als die Quelle alles Unheils gäntzlich abgeschaffet, und die Gemeine Bürgerschaft mit dergleichen Mandatis, als itzo Mensonis wegen ergangen, fürderhin verschonet würde gggg).

Son-

gggg) *Emm.* lib. cit. p. 131-134. Apolog. Embd. p. 58. 59. it. Intervention und Erklärung der

Sonsten ward auch Graf Wilhelm Ludowig zu Nassau ꝛc. dahin vermocht, daß er zu zweyen mahlen ein freundliches Schreiben und Fürbitte an den Herrn Grafen in Ostfriesland dieser Sachen wegen abgeschicket, worüber die Absetzung Mensonis nicht so eifrig mehr getrieben worden. Den Embdern war zugleich vom hocherwehnten Grafen im Fall der Noth alle Hülfe versprochen hhhh). Der Cantzler Westerholt, wie auch einige aus dem Rath suchten Mensonem zu bewegen, daß er ein Entschuldigungs- und Bitt-Schreiben an den Herrn Grafen schriebe, mit der Versicherung, daß alsdann zu Hofe aller Unmuth schwinden, und die gantze Sache gäntzlich aufgehoben seyn würde, zumahlen der Graf ein gar gütiges und gnädiges Gemüth hätte, so leichtlich sich bewegen liesse: allein Menso wolte sich darzu nicht verstehen, und meinete, weil er sich nicht versündiget, hätte er auch nicht nöthig mit Bitt-Schriften einzukommen. Er war ohne dem des Beystandes der gantzen Bürgerschaft, als welche ihm anhing, versichert. Und

je

der Bürgerschafft zu Embden, warumb sie Menson m nicht wolle von sich lassen, in Beylag. p. 50. 51.

hhhb) *Emm.* p. 134. 135. Apol Embd. p. 59. Ostfries. Histor. und Lands-Verf. Tom. I. lib. 7. n. 52. p. 416. 417.

je mehr er sich heraus ließ, man möchte ihn nur dimittiren, damit einmahl Ruhe in Embden wieder käme, und der Graf seinen Willen hätte: je mehr verhieß man ihm mit Gut und Blut beyzustehen iiii).

§. 23.

Die Landstände denken ihr Vorhaben fortzusetzen.

Mit dem abweichenden Sommer sandten die Ostfriesischen Land-Stände jemand an die vorhin Hoch- und Wolgedachte Kayserl. Commissarios mit der unterthänigsten Bitte, daß sie gnädigst geruhen wolten von dem gantzen Verlauf des Handels ungesäumt an Kayserl. Majestät Relation zu thun, und den Ständen also zu ihrer vorhabenden fernern Action den Weg zu bahnen, maßen sie gewillet wären, einige Abgeordnete nach Prag zu schicken kkkk). Inzwischen kamen Briefe in Ostfrießland von Sigismundo dem König in Polen und Schweden aus Stockholm, und von Herzog Carl, Erbfürsten in Schweden aus Nycöping, worin dieser

---

iiii) *Emm.* p. 135. 136.
kkkk) Apol. Embd. p. 55. 56.

fer als Bruder, jener als Brudern-Sohn vor der Ostfriesischen Frau Gemahlinn Catharina an Bürgermeister und Rath in Embden kund machten, wie sie, im Fall man in Embden fortfahren würde sich der Ostfriesischen Herrschafft zu widersetzen, sich genöthigt fünden, ihren so nahen Anverwandten die hülfliche Hand zu bieten, auch den freyen Handel und Kaufmannschaft auf Schweden, welcher Ao. 1558 den 23ten Martii aufgerichtet worden, wiederum aufzuheben, daher sie die Embder ernstlich zum Frieden und Gehorsam gegen ihre von Gott vorgesetzte Obrigkeit ermahnten. Insonderheit befahl Sigismundus, daß niemand aus Emden hinfüro sich erkühnen sollte, an die Ströme und Hafen seines Königreichs, vornehmlich an die Stadt Dantzig, ohne ihres Herrn Graf Edzards eigenhändig-unterschriebene Paß-Briefe zu schiffen, damit er auch daraus ihren Gehorsam gegen die Landes-Herrschaft erkennen könnte IIII). Beide hohe Potentaten sowol, als die verwitwete Königin in Polen und Schweden Anna, des Königs Sigismundi Mutter Schwester, schrieben auch des Herrn Graf Edzards wegen an den Kapser, mit Bitte, daß Ihro Kapserl. Majestät ihn wider die unruhige Embder-Bürger und

IIII) Die Briefe finden sich in den Beylagen Apol. Embd. p. 52-57.

und andere aufgewiegelte Unterthanen, bey seinen
habenden Hoheiten und Gerechtigkeiten, allergnä=
digst schützen wollte, sintemahl des Herrn Grafen
Frau Gemahlinn diesen ihren hohen Anverwand=
ten den Zustand in Embden und ganzem Ostfrieß=
land geklaget hatte mmmm). Herr Graf Ed=
zard

mmmm) Auch diese Briefe p. 70. 78. NB. Anna Regina Poloniæ. vidua, in Apologia Embdana p. 60. appellatur die alte Königinn, des Königs (Sigismundi) Fraw Mutter. Non autem illa mater, sed matertera Sigismundi III. Regis Poloniæ ac Sueciæ fuit, vidua Regis Stepheni Batorzi. Enimvero

Sigismundus I. poloniæ Rex,
ex prosapia Iagellonica, genuit:

Sigismundum (II.) Angustum, Successorem parentis. † Ao. 1552 sine prole. Ultimum stirpis Iagellonicæ.	Annam, ux. Stephani Batorzi, Reg. poloniæ, qui affini Sigismundo Augusto successit. † 1586.	Catharinam, ux. Iohannis Reg. Sueciæ, Matrem | Sig'smundi III. Reg. Polon.

Conf. Micræl. Hist. Mundi lib. 3. sect. 6. de Regib. Poloniæ p. 823-825. Becmani Hist. Orbis terrar. part. 2. c. 8. p. 680. 681. Pufendorffs Einleitung zur Historie c. 10. von Polen §. 8. 9. 10. p. 673. seqq.

zard, an welchen nicht allein der hochgemeldeten Potentaten Ermahnungs-Briefe an die Stadt Embden, sondern auch die Intercessions-Schreiben an Kayserl. Majestät übergemacht waren sandte den 8 September an Bürgermeister und Rath in Embden zu ihrer Nachricht und Warnung die behörigen Briefe zusamt einer beygefügten Gräflichen Missive nnnn). Worauf dann dieselbige den 20 Sept. ein Mandatum ergehen ließen, daß, nachdem etliche aus der Bürgerschaft in Embden auf Landtagen zu Norden, Aurich, und sonsten gegen ihren Gnädigen Landesherrn in Mißverständniß gerathen, und davon das Gerücht auch an fremde Potentaten, zumahl an die Königl. Majestät zu Schweden und Polen ꝛc. wie auch Herzog Carl zu Schweden gelanget, die dann deswegen zum gebührenden Gehorsam und Reverenz gegen ihren Natürlichen Landes-Herrn schriftliche Ermahnung thun ließen, auch zum Zeichen dessen, anbefohlen, daß die Seefahrende nach Dantzig und andern Orten ihrer Reiche und Landen mit eigenhändig unterschriebenen Seebriefen von dem Herrn Grafen versehen seyn sollten, hiemit also allen und jeden Schiffern zur Nachricht und Warnung solches angedeutet würde, mit angehefteter Ermahnung, woferne jemand durch Versäumniß oder sonst dadurch

nnnn) Apol. Embd. p. 60. 61.

durch zu Nachtheil gerathen würde, derselbige sich daſſelbe alsdann ſelbſten zuzumeſſen hätte oooo). Die Bürgerſchaft war hierüber ganz ungehalten, und beſchuldigte Bürgermeiſter und Rath, daß ſie der Stadt Gerechtigkeit proſtituirten pppp).

§. 24.

Die Oſtfrieſiſchen Stände ſenden einige Abgeordnete nach Prag, ihre Klagen bey Kayserl. Majeſt. vorzubringen. Graf Edzard kommt ihnen aber mit einer Klage beym Kayser zuvor.

Die Stände von Oſtfrießland, nachdem ſie von den Hochgemeldeten Kayſerlichen Herren Commiſſariis erhalten, was ſie verlanget, wurden mit einander eins, einige aus ihren Mjtteln zu erkieſen, und dieſelbige nach Prag zu ſchicken, auf daß ſie ihre Beſchwerungen in gleicher Form, wie ſie im Martio zu Aurich dem Herrn Grafen eingehändigt waren, alſo auch an Jhro Kayſerl. Majeſtät alleruntertthänigſt überreichten, und

oooo) Mandatum hoc vide in den Beylag. p. 58. 59.
pppp) Ap. Embd. p. 61. 62.

und benöthigte Hülfe suchten qqqq). Solche ihr Vorhaben richteten sie in der Mitten des Monats Octobris ins Werck; wiewol der Herr Graf, nachdem er von ihrer Resolution eine Nachricht bekommen, ihnen mit einer Gesandtschaft zuvor kam, und in aller Eil seinen Rath **Petrum Ficinum** an den Kayserlichen Hof abfertigte, welcher mit einer Vorklage über die Landesstände sich beschwerte, und **über die Ritterschaft** klagte, daß dieselbige Sr. Gnaden viele Jahre her feindselig nachgetrachtet, und mit **Grafen Johann,** Gottseliger Gedächtniß zu dem Ende sich vereinigt hätten, welche denn auch viel unruhige Gemüther auf ihre Seite gebracht hätten, um Sr. Gräflichen Hoheit Abbruch zu thun; **über die Stadt Embden** und deren Bürger, daß sie allerhand Unruhe und Empörung anrichteten, bevorab daß Menso Alting Prediger daselbst sich allerhand Sachen unternommen, und noch jüngstens sich unterstanden in Gröningen eine Reformation anzustellen, und den Gottesdienst auf die Calvinische Weise einzurichten: da aber der Herr Graf ihn hat wollen absetzen, so hat sich die Bürgerey mit Ungestüm widersetzt, dem Magistrat getrotzet, das Ius Patronatus an sich gerissen, und allerhand Drohworte von sich vernehmen lassen; **über gesamte Stände,** daß

qqqq) Ap. Embd. p. 56.

daß sie Sr. Gnaden gedächten Ibas Ius collectandi und andere Regalia abzuschneiden, ja sich zum theil einbildeten, daß durch die Capitalschatzung sie nunmehro von allen fernern Collecten und Beschwerungen frey, und also f r e y e F r i e s e n seyn könnten, die der hohen Obrigkeit nichts als den bloßen Titul mehr geständig wären: ja selbsten auch über die Herrn Subdelegirte, daß sie die terminos commissionis nicht undeutlich übertreten und unter andern auch von den Bauren allerhand Gravamina eingenommen hätten rrrr).

§. 25.

Welche die Abgeschickte vom Grafen und Stände gewesen.

Dem Gräflichen Rath Petro Ficino folgeten nicht lange hernach der neue Cantzler Conrad Westerhold und Johannes Heckmann I. U. D. welche demselbigen in seinem Gewerbe bey Kayserlicher Majestät assistirten ssss). Die von

---

rrrr) Ibid. p. 64-71. *Emm.* in vit. Menf. p. 140. 141. Id. in Hist. nostri Temporis p. 14. 15.

ssss) Apolog. Embd. p. 73. *Emm.* invit. Menf. Alting. p. 141.

von den Ostfriesischen Landständen Abgeschickt welche waren Ahasverus (insgemein Schweer von Deelen Häuptling zu Rysum, Gerhardus Bolardus, Johannes Ameling, und Otto Friedrichs, versuchten auch ihr bestes und beschwereten sich bey dem Kayser, daß d[er] Herr Graf dem von den Herrn Subdelegaten errichteten Nordischen Executions-Receß nicht nachlebte, sondern alles wiederum umzustoßen suchte tttt). Im Ausgang des Monats November ward zu Aurich ein Landtag gehalten um die Gravamina abzuthun, es ward aber nichts ausgerichtet. Abermahl waren die Stände verschrieben, den 9 Decembr. in Aurich zu erscheinen. Demnach aber des Tages vorher als die Stände bey einander kommen sollten, vor allen Canzeln im Lande ein Gräflich Manda[t] publiciret, und an den Kirchen und Rathhäusern angeschlagen ward, des Inhalts, daß niemand in einigen Conventiculis oder heimlichen Zusammenkünften sich bey großer Strafe finden lassen sollte, haben die Stände auf dem Land-Tage dawider protestiret, anerwogen ihnen dadurch Rücksprache mit einander zu halten benommen würde. Wann aber auch in Ausschreibung des Landtages die Bürgerschaft der Stad[t] Embden nicht mit eingeladen, sondern nur einig[e] aus

---

tttt) *Wicht* Annal. p. 276.

aus dem Rath nebst zween oder drey Bürgern die nicht der bürgerl. Ausschuß, sondern der Rath selbsten hiezu erkieset hatte) auf dem Landtage erschienen, und die Stadt repräsentireten: so ließ die gemeine Bürgerschaft deswegen, daß sie bey der Einladung dieser beiden letzten Landtage gantz und gar vorbeygegangen, münd= und schriftlich protestiren, sintemahl sie es nicht für hinlänglich hielten, daß Bürgermeister und Rath einige Personen auf die Landtags=Versammlung sendete, es müste auch die Bürgerschaft darum wissen, und die Deputirte dazu ordentlich weh= len uuuu).

§. 26.

Die Bürger in Embden nehmen das Rath= und Zeughaus ein.

Jedoch liessen es die Bürger in Embden bey blossem Protestiren und Klagen nicht bewen= den; vielmehr suchten sie durch thätliche Mittel dem Herrn Grafen sich zu widersetzen. Denn nachdem unter ihnen ein Gerücht entstanden war, als hätte Sr. Gnaden etwas hartes wider die Stadt

uuuu) Apol. Embd. p. 62-64.

F.

Stadt vor, hatten sie bereits am Ende des N
vember-Monats angefangen die Wachen zu ve
stärken, und zu dem Ende das Rathhaus ein
nehmen, weil das ordentliche Wachthaus ihn
zu klein war. Bürgermeister und Rath hat
solches vergönnet, um keinen Anlaß zum Au
stand zu geben, ließen aber immittelst das Wach
haus grösser bauen, damit die Bürger des Raun
wegen sich nicht weiter könnten beschweren, d
Herr Graf aber, welcher die Einnehmung d
Rathhauses übel aufnam, durch Haltung d
Wache an dem rechten Ort wiederum besänfti
würde. Als aber das Wachthaus im Decem
ber fertig geworden, wolten Bürgermeister u
Rath, daß sie des Rathhauses sich nicht fern
bedienen sollten, gestalt dann auch der Herr Gr
abermahligen Befehl deswegen ertheilet hatt
allein der Bürgerschaft war solches ungelegen, un
behielten dieselbige mit Ungestüm unter viele
Protestiren und Reprotestiren zwischen dem Bü
germeister Onno Tjabbern und ihnen d
Rathhaus ein, ja sie besetzten auch das Zeu
haus, und forderten Bürgermeister und Ra
mit Gewalt den Schlüssel ab. Diese bericht
ten die Sache an die Herrschaft, welche solch
in Eil nach Prag überbriefete, und durch Ihr
Cantzler Westerholt dem Reichs-Hofrath vorst
len ließ, xxxx) worauf auch im Anfang d
fol-

xxxx) Apol. Embd. p. 73·78.

folgenden Jahres einige Kayserl. Provisional-
Decreta erfolgten yyyy).

§. 27.

Der Herren Grafen Johann und Christoffer Reisen und Wiederkunft.

Ehe ich aus diesem 1594sten Jahr völlig aus-
trete, wil ich noch vorher erzehlen, was sich
sonsten zutragen. Der Sommer dieses Jahres
war durchgehends sehr naß und regenhaft, so daß
sehr viel Heu dadurch verdarb: Hierauf aber
folgte ein sehr harter Winter, worin es derma-
ßen frohr, daß vor Weihnachten man mit Wagen bey Lehrort, Oldersum, und sonsten über die
Embs jagen könnte. In dieser eingetretenen
Winterzeit kamen die beiden Herren Grafen Johann und Christoffer wiederum glücklich zu Hause, nachdem sie an die anderthalb Jahr ausge-
wesen waren zzzz). Sie hatten in dem Sommer des 92sten Jahres eine Reise nach Schweden
zu ihrem Herrn Oheim Herzogen Carlo, Erb-
fürs-

yyyy) Vid. Decreta in der Ostfr. Histor. und Lands-
Verfaß. Tom. II. lib. 1. N. 10. 11.
p. 66-68.
zzzz) *Wicht* Annal. p. 276.

fürsten der Reiche Schweden, Gothen, und W
den, Herzogen zu Südermanland ꝛc. gethan, n
cher zur andern Ehe schritte, und Beylager
der Durchl. Princeßinn **Christina** Her
Adolphi von Holstein Tochter, wovon na
mahls der berühmte Schwedische Held Gu
vus Adolphus gebohren worden, halten wo
Aus Schweden zogen hochgedachte beide Ostfr
sische Herren Grafen in Dännemarck, und v
dannen in England, woselbst die Königin Eli
beth ihnen alle Gnade und Ehrenbezeigungen
wies, und sie als Söhne hielt, auch in Fra
reich schickte, woselbst sie unter dem König He
rico IV. auf Ihre Recommendation Krieg
dienste nahmen, und in vorfallenden Actio
sich tapfer hielten. Und so kamen sie nun, n
gemeldet, wieder in Ostfrießland, ihre hohe
tern und Verwandte zu besuchen, welche über
re glückliche Ankunft sich höchlich erfreueten a)

Dem Hause Dornum hingegen war
Beschluß dieses Jahres ganz betrübt und traur
Herr **Gerhard von Closter,** Herr zu D
num, und Hauptling zu Petkum, war nebst
dern vornehmen guten Freunden etwa um We
nachten zu Embden, und liessen sich daselbst
blauen Creutz einem Wirtshause tractiren.
er nun wolvergnügt wieder nach Hause ge
und

a) Id. p. 274.

und nach genommenem Abschied aus dem Gemach, worin sie bey einander gewesen, die Steigen herabtreten wil, stößet er sich an seine eigene Sporn (wie denn damahls die Mode war, gestieffelt und gespornt zu gehen) und stürzte darüber die Treppe herunter. Der Fall war so schwer daß er einige wenige Tage hernach den Geist aufgab. Der Leichnam ward nach Dornum geführet, und den 31 December, als am letzten Tage im Jahr, hochadelich jedoch unter großer Betrübniß beygesetzet b).

§. 28.

Auf die Ostfriesische Gesandschaft nach Prag erfolgen verschiedene Befehle.

Im Anfang des folgenden 1595ten Jahres nachdem die Gräflichen Abgesandten zu Prag über die Einnehmung des Rath und Rüsthauses in Embden ihre Klage vorgebracht, auch den Bericht von Bürgermeister und Rath beygeleget hatten c), erging den 22/12 Januarii styli novi ein Kayserlich Provisional-Decret, wor-

F. 3

---

b) Id. p. 276. Loringa Geneal. 5. Derer von Cantena p. 151. 152.
c) Apol. Embd. p. 78. *Emm.* in vit. Menf. Alt. p. 141.

in denen Landständen anbefohlen ward, daß
bis zur völligen Entscheidung der Streitigk[ei]
und Beschwerung zwischen Haupt und Glie[dern]
Ihrem Erb- und Landes-Herrn allen Gehor[sam]
und Unterthänigkeit erzeigen, keinen Aufst[and]
erwecken; die Embder insonderheit ihrem M[a-]
gistrat gehorchen, das eingenommene Ra[t-]
haus wieder abstehen, die Schlüssel wieder[n]
ausliefern, alle verdächtige Conventicula u[nd]
Verbindungen unterlassen, und den aufgewor[fe-]
nen neuen Ausschus der Vierziger wieder abst[el-]
len sollten d). Auch erging unter eodem da[to]
an die Bürgerschaft zu Embden ein absonderl[ich]
Poenal-Mandat, in itzgemeldeten Sach[en]
Ihro Kayserl. Majestät bey Strafe 60 Ma[rk]
löthiges Goldes Gehorsam zu leisten und [die]
Nachtwache künftig hin in dem von Alters h[er]
dazu bestimmten Wachthause zu halten e). D[ie]
abgeschickte von den Ostfriesischen Landständ[en]
erhielten auf den 7ten Tag hernach durch A[n-]
dream Hanniwald Kayserl. Secretarium b[ey-]
des das Decret und Mandat, worüber sie s[ehr]
bestürzt wurden. Innerhalb wenig Tagen k[a-]
men sie bey dem hohen Rath wiederum mit [ei-]
ner

d) *Emm.* Hist. Nostr. Temporis p. 15. l
Vid. das Provisional Decret in Apolog.
78——81.

e) Vid. Poenal Mandat in Apolog. p. 81-8[5]

ner Beantwortung ein, richteten aber damit wenig aus, ohne daß sie es endlich erhielten, daß ein Kayserliches Vermahnungs-Schreiben an den Herrn Grafen abgelassen ward, um die vorigen Decreta und Recessen steif und ungekränkt zu halten. Und darauf, weil sie weiter nichts könten, reiseten sie wieder in Ostfrießland f). Vorgemeldetes Decretum und Mandatum sind nachmahls wider die eingebrachten Exceptiones der Landstände und Stadt Embden den 23 Febr. zu Prag confirmiret worden g).

§. 29.

Das Kayserl. Provisional-Decret wird gedruckt und überall angeschlagen.

Die Embder, als sie das Kayserl. Decret und Mandat erhielten, stellten ihre bisherige Wacht-Ordnung ein, um ein Zeugniß des Gehorsams abzulegen h). Immittelst ließ der Herr Graf das Decretum drucken, den Ständen an unterschiedlichen Orten per Notarios ac

F 4 testes

f) Apolog. p. 84. 85.
g) Ostfr. Hist. und Landes-Verf. Tom. II. lib. I. n. 11. p 69. 70.
h) Apolog. Embd. p. 85.

testes insinuiren, von allen Cantzeln ablesen, a Rathhäusern, Kirchen und Pforten anschlagen und durch öffentlichen Verkauf der Buchhändler gemein machen. Damit auch keine ihr schädliche Zusammenkünfte von den Ständen möchten vorgenommen werden, ließ er alle Privat-Versammlungen ohne Unterscheid verbieten Nächstdem fing er an die Festungen mit mehrerem Volck zu besetzen, Officier anzunehmen, ausserhalb Landes Soldaten zu werben, und so auf dem Lande herum zu verlegen. Auf Gräfl. Seiten hatte es das Ansehen einer nothwendigen Defension wider die Widerwärtige, auf der andern Seite aber ward es ausgedeutet als ein Unternehmen die Unterthanen zu unterdrücken i). Doch kann der Argwohn und das Gerücht wol größer gewesen seyn als die Sache selbst, angemerket der Graf auf seiner Burg zu Embden um diese Zeit nur etwa 30 oder 40 Mann soll gehalten haben k).

§. 30.

i) Ibid. p. 85-87. Emm. in vit. Menf. Alt. p. 141. Id. in Hist. N. Temp. p. 17.

k) P. van der W. waerachtig Verhael van tgene, wat tüschen den Grave tot Oostvriesslandt ende syne Onderfaten van Ao. 1594 tot den 6 Iunii tegenwordich gepassiert is. lit. A it. b. Gedr. Ao. 1603.

§. 30.

Graf Edzard II. verbeut das Consistorium in Embden.

Das Uebel ward noch ärger, als der Herr Graf, dem vorgebracht worden, daß in dem Consistorio zu Embden nicht allein kirchliche, sondern auch weltliche Sachen tractiret, und insonderheit die Consilia wider ihn und seine Regierung geschmiedet würden; imgleichen daß von den Diaconis die Armengelder mit dazu angewendet würden; ja daß die Diaconi selbsten die Armengelder gegen 6 fürs Hundert auf Rente nähmen, und gegen 8 fürs Hundert wieder austhäten, den Schluß faßte, diesem allen zu steuren l), und deswegen seinen Secretarium **Henricum Schröder**, welcher auch Notarius war, den 1 Martii requirirte, und mit einer Instruction an die Prediger, Eltesten, Diaken und Kirch-Juraten in Embden abfertigte, denselbigen in Gegenwart anderer Notarien als Zeugen anzudeuten, daß sie sich künftig der Zusammenkünfte und Conventiculen in ihren vermeinten Consistoriis Kraft des jüngstergangenen Kayserl. Decreti, (welches er ihnen zugleich insinuiren solte) bey darin einverleibeter poena, gänzlich ent-

l) P. v. W. waerachtig Verhael &c. lit. A. iii.

halten sollten m). Gemeldeter Secretarius v
richtete seine Commission den 3 Martii in Me
sonis Behausung, wohin die Prediger, Elteste
Diakoni, und Kirch-Vögte zusammen beruf
waren, und las ihnen das Kayserl. Decretu
in Beysenn Hermanni Gronen Notarii, u
Küchenschreibers des Hauses Embden vor, tr
auch alles vor, was ihm anbefohlen war. D
Versammlete beredeten sich mit einander, un
gaben zuförderst eine mündliche Antwort n), nach
mahls liessen sie auch eine unterthänige Suppl
cation an Sr. Gnaden abgehen. Beydes gin
dahin, daß weder Ihro Kayß. Majest. das Cor
sistorium unter die verbotene Conventiculen m
würde gerechnet haben, noch sie Gewissensha
ber von so guter Ordnung abstehen könnten, da
her sie hoften Sr. Gnaden würde sie zu keine
Sünde nöthigen, die sonsten bereit wären in al
lem, was nicht wider Gott und ihr Gewisse
lief, zu gehorsamen. Die Supplication war
den 5. Mart. im Nahmen aller Versammlet-ge
wesenen abgefertigt o).

§. 31.

m) Siehe die Instruction des Secret. Henri
 Schröters in Beyl. Apol. Embd. p. 59. 60
n) Apol. Embden p. 87. 80.
o) Vid. Antwort der Prediger ꝛc. in Beylag
 Ap. Embd. p. 68. 69.

§. 31.

Die Almosen-Ordnung wird vom Consistorio in Embden abgefodert, nebst eines Jahres Rechnung;

Bald hernach den 17 Martii stellte sich Henricus Schröder aus Aurich in Embden wieder ein, und ließ im Namen und auf Befehl des Herrn Grafen durch beyde Bürgermeister Onno Tiabbern und Niclaus Horen von dem Consistorio die Ordnung der Almosen, mit aller Armen Nahmen samt eines Jahres Rechnung vermöge eines schriftlichen Befehls, abfordern. Das ganze Consistorium, nemlich die Prediger, Eltesten und Diaconi, nebst wol 70 anderen Bürger versammleten sich nach Mittag auf der gewöhnlichen Consistorien-Kammer in der großen Kirchen; welche mit einander die Sache überlegten, und durch 6 Bürger aus ihren Mitteln den Bürgermeistern diese Antwort überbringen liessen, daß zwar die Sache an und für sich selbst kein Bedenken hätte, weil man aber wegen der Umstände allerley besorgen müste, möchten die Bürgermeister es nicht übel deuten, daß sie darin nicht wilfahren könten, und ihnen den Gefallen erweisen, durch gute Gründe Er. Gn. von diesem Vornehmen wieder abzubringen.

Wor-

Worauf zwar die Bürgerschaft wieder wegg
gangen, die Prediger und Eltesten aber als
ihrem Consistorial-Tage bey einander geblieben p)
Mitlerweil kam mit dem Fehrschiff vo
Leer, so etwa 2 Meile von Embden liegt, di
Zeitung, der Herr Graf hätte drey vornehm
und wolgesessene Einwohner daselbst, die bishe
als Deputirte auf gemeinen Landtagen erschienen,
von den Gräflichen Bedienten aber Privilegien-
Ropers genennet worden, in Verhaft nehmen,
und auf die Festung Leer-Ort bringen lassen,
weil sie einen Schulmeister, den Er. Gn. hin-
gesetzet, nicht aber von ihrer Religion war, anzunehmen sich weigerten, und dawider supplici-
reten, sonsten auch dann und wann wider den
Herrn Grafen auf Landtagen auf die Väterliche
Freyheit und Privilegien sich berufen hatten.
Diese Zeitung erweckte eine Bestürtzung unter
den Bürgern in Embden, und vermehrte die
Verbitterung die schon längst in ihren Hertzen
sich gesammlet hatte q). Ueberdem war in Embden eine gemeine Rede, daß die auf der Burg,
wie auch die Augsp. Confessions-Verwandten,
welche

p) Apol. Embd. p. 90——92. Emm. in vit.
Alting. p. 144-147.
q) Apol. Embd. p. 92. Emm. Hist N. Temp.
p. 19. 20. Wicht Annal. p. 276. Loringa Geneal. I de Circlena p. 59.

welche auf der neuen Münße noch beständig ih=
ren Gottesdienst hielten, sich einiger Dräuworte
verlauten lassen wider die, welche Sr. Gnaden
sich widerspenstig bezeigten, welche sie entweder
aus Unbedachtsamkeit, oder zum Schrecken der
Embder herausgestossen haben sollten. Vielleicht
kann es wol seyn, daß solches nur von einigen
Uebelwollenden ihnen zum Schaden ausgespren=
get worden r). Ja unter den Bürgern waren
nicht wenige, die in dem Argwohn stunden, als
ob **Johannes Ligarius**, welcher die Predig=
ten und das Leeramt auf der neuen Münße nun
einige Jahr her verwaltete, den Diaconis und
Vorwesern der Armen diesen Possen gespielet,
und das Gräfliche Vornehmen die Armen Rech=
nung zu untersuchen, verursacht hätte. Und ob
schon dis ein blosses Giessen war, so war es doch
bey dieser Zeit als Oel ins Feuer s). Wie nun
die Bürgermeister mit obgemeldeter Antwort nicht
wol zufrieden waren, und sich vernehmen liessen,
daß sie des Herrn Grafen Ungnad besorgten, so
fern

r) Apol. Embd. p. 90.

s) *Atque interea telum quoque per Schroderum in urbe nuper acceptum hortatore Ligarii, ut non-nullorum ferebat opinio, qui Ecclesiæ Ortho-doxæ* (Reformatæ) *odio monetario schismati caput se eo tempore imposuerat &c.* Emm. in Vit. Alting. p. 143.

fern keine andere Resolution von der Bürgerschaf
genommen würde, derohalben dann auf eine neu
Versammlung drungen, die des folgenden Tages
möchte gehalten werden, verfügten sich die 6 Abgeordnete wieder ins Consistorium, und berichteten, was für eine Antwort sie von den Bürgermeistern empfangen. Die anwesenden Prediger
und Eltesten fanden es nicht für gut, eine neue
Versammlung anzustellen, weil sie besorgten, daß
die Herzen der Bürger, die in Furcht stunden,
und durch das Exempel deren zu Leer noch mehr
zum Theil erschrecket zum Theil verbittert wären,
etwas unternehmen möchte, daß mehr Mühe und
Ungnade verursachen könte, als die Bürgermeister itzund besorgten t).

§. 32.

Das Consistorium wird um voriger Ursach willen aufs neue convociret.

Des folgenden Morgens etwa um acht Uhr
ließ der Worthaltende Bürgermeister Onno Tiabbern den der Schluß des Consistorii
gar nicht vergnügte, durch einen der Diaconen,
so denselbigen wieder überbracht, nemlich Barthold

---

t) Ibid. p. 147. 148. Ap. Embd. p. 92.

hold von Böllen an Mensonem Alting als
damahligen Präsidenten im Consistorio wissen,
daß er die Prediger, Eltesten und Diaconen
aufs neue möchte zusammen kommen lassen, sintemahl er eine bequemere Entschliessung vermuthen
war, und in den Gedanken stand, daß sie bey
der abermahligen Versammlung sich eines anders
besinnen würden. Menso ließ durch eben denselben Diaconum den Bürgermeister wieder bitten, er möchte die gestrige Resolution wol erwe-
gen, übrigens aber, wann er gegen eilf Uhr keinen andern Bescheid erhielte, wolte er in Gottes
Nahmen das Consistorium nebst den gestrig-ver-
sammleten Bürgern nach Belieben convociren lassen. Als er nun keinen neuen Bescheid empfing,
mußten der Küster und einer von den Armen-
Voigten, als der Kirchen und des Consistorii
Diener, die Convocation thun.

Wie die Convocirte sofort nach dem Mittag
um 1 Uhr zusammen kamen, funden sie eine grosse
Menge sowol gemeiner als vornehmer Bürger bey einander, welche begehrten, daß die vom
Consistorio zu ihnen ins Chor herabkommen,
und mit ihnen einhellig Raths pflegen wolten.
Menso und die übrigen Anwesende wilfahreten
dem Volk, und traten zu ihnen herunter, da er
denn als Präses Consistorii also anfing: Freunde, wer euch hieher gefodert hat, und wie
die Handwerker in so grosser Anzahl hieher
ge-

gekommen, weis ich nicht, wil auch kei[n]
Rechenschaft davon geben. Ich habe a[uf]
Befehl des Herrn Bürgermeisters, den m[it]
Barthold von Völlen, hinzugegen un[d]
Mitbrüder einer, diesen Morgen ein[ge]
bracht, allein diejenigen, so in der ges[tri]
gen Deliberation gewesen seyn, und ande[re]
niemand durch das Consistorii und Diak[en]
Diener fodern lassen. Barthold gesta[nd]
solches vor den gantzen Volck.

Hierauf that Menso ein Gebet, und stell[te]
darauf vor, was der Herren Bürgermeister, B[e]
denken über die gestrige Resolution gewesen u[nd]
was derselben ferners Begehren sey, ermahn[te]
also, alles wol zu überlegen, und ihre Erklärun[g]
darüber zu thun. Die Bürgerschaft, nachde[m]
sie sich mit einander besprochen, stimmten einm[ü]
thig mit zu: Es müste bey der gestrigen Resol[u]
tion bleiben, man solte dem Grafen wegen d[er]
Armengelder keine Rechenschaft thun, weil [es]
Gelder wären, die nicht ihm zuständig, sonde[rn]
aus Freygebigkeit der Bürger gesammlet und a[uf]
gebracht wären. Auf solche Entschliessung e[r]
wiederte Pastor Menso: Wolan, liebe[n]
Bürger, weil ihr euch also resolviret d[a]
ich auf euerm Geheis solches den Herre[n]
Bürgermeistern soll zur Antwort gebe[n]
so bitte ich, ihr wollet dis wol behalte[n]
auf das ihr im Fall der Noth davon G[e]

zeug-

Zeugniß geben könnet, und zwar um desto
mehr, dieweil der Herr Bürgermeister
von Mühe und Gefahr geweissaget hat,
fals man bey dieser Antwort würde verharren. Ihr wisset ohndem, daß man
gerne auf meine Flügel schlagen will. Im
übrigen erbot er sich, wann die liebe Bürgerschaft
es für gut befünde, und sie meineten, daß sein
Auszug einigermassen zur Linderung des Gräfl.
Gemüths dienen könnte, wäre er bereit und willig aus dem Lande zu weichen u).

§. 33.

Gerhardus Bolardus reitzet die Bür-
ger in Embden zum Aufstand.

Sobald nur Menso ausgeredet hatte, trat
Gerhardus Bolardus, einer von den
Eltesten, und aus der Zahl der Vierziger, ein
kühner und wolberedter Mann, welcher jüngst
hin als Gesandter mit nach Prag gewesen, und
der bey den Bürgern in grossem Ansehen war,
hervor. Dieser fing an, den gefährlichen Zu-
ord-

---

u) Apol. Embd. p. 94-96. Emm. in vit. Alting. p. 148-152.

stand der Stadt zu beschreiben; über Verfolgung derer, die für die Freiheit redeten, zu klagen, wie davon das Lehrische Exempel zeugete gleichfalls auch die Norder erfahren hätten; di Mittel und Gelegenheit anzuweisen, die der Herr Graf anitzo hätte, zu seinem Zweck zu kommen und die Bürgerschaft nach seinem Gefallen zu drücken, ins Gefängniß zu werfen, in die äusserste Dienstbarkeit zu setzen, ja um Gut und Religion zu bringen, wann sie sich nicht bei Zeiten in Sicherheit setzten. Er stellete vor, wie die Gräfliche Burg in Embden mit Soldaten angefüllet wäre, Bürgermeister und Rath aber, di der Stadt Freiheit vertheidigen solten, selbst den Grafen anhingen, und alles mit thäten, was zu ihrer Unterdrückung gereichte. Bey so bewandten Sachen hielt er vor nöthig, sich und ihr Stadt für Tyrannen und Gewalt in Sicherheit zu setzen. Er für seine Person, so sie etwa männliches wolten resolviren, wäre erbötig ih Vorgänger zu sein, und, so es nöthig, Leib Gut und Blut bey der Bürgerschaft und Väterlichen Freyheit aufzusetzen x).

§. 34.

x) Apol. Embd. p. 96. 97. *Emm.* in vi *Ment.* Alt. p. 152. 153. Id. in Hist. N Temp. p. 20.

unter der Gräflichen Regierung. 99

§. 34.

Die erregte Bürgerschaft macht Colonellen und Hauptleute.

Auf solchem Vortrag beschloß die ganze Menge, die Waffen zu ergreifen, und die Stadt wider alle Gefahr in Verwahrung zu nehmen. Gerhardus Bolardus muste sofort in der Kirchen aus ihren Mitteln 6 Colonellen benennen. Solche waren er selbst Bolardus, Johann Ameling, Peter Vischer, Joachim Winholt, Hans Wilhelms, Hans Behout. Den Colonellen in der alten Stadt wurden 5 Bürger-Hauptleute, denen auf Faldern aber drey zugeleget, mit so viel Fähnlein, darin also die ganze Bürgerschaft abgetheilet worden. Nach solcher Veranstaltung auch genommener Abrede, was ein jeder an seinem Ort beginnen sollte, gingen sie aus der Kirchen wieder nach Hause. Die Colonellen kamen aus ihren Häusern bald wieder gewafnet hervor auf die Straßen, zu welchen sich die Bürger, welche ebenmäßig die Waffen angeleget, in Eil versammleten, und so gingen sie in ihrer Ordnung abgeredetermaßen fort, und namen das Rathhaus, Markt, Bauhoff, Wälle, Pforten, Hafen, Bäume, und was sonsten in der Stadt ihnen vortheilhaft

G 2   seyn

seyn könte, ungesäumet ein, ausgenommen
Gräfl. Burg. Nachmahls liessen die Colo[
len nebst ihren zugeordneten die übrige Bürg
schaft mit ihrem Gewehr und Waffen auf [
neue Markt zusammen fordern, stelleten al[
weiter Order, und verbunden sich einer dem [an]
dern mit Gut und Blut beyzustehen. Hier
wurden die Wachen nach Nothdurft bestellet,
übrigen kehreten wieder heim. Dieses alles
schah am 18ten Tage des Monats Martii y[)

§. 35.

Der Herr Graf lässet durch seinen [Se]cretarium die Bürger hierüber zu [Re]stellen.

Der Herr Graf, als ihm dieser Hand[el zu]
Ohren gekommen, schickte sofort des [fol]
genden Tages Henricum Schröder aus [Au]
rich nach Embden, welcher noch desselbigen [Ta]
ges, nemlich den 19 Martii, auf dem Rath[hau]
se mit einem Notario und Gezeugen erschien[,]
daselbst im Nahmen Sr. Gnaden der ver[ammel]
te [n]

---

y) Apol. Embd. p. 98. 99. *Emm.* i[n]
Alting. p. 153. *Wicht* Annal. p. 277.
Hist. N. Temp. p. 20.

leten Bürgerschaft Kraft seiner Commission fragweise vorhielte. Weil S. G. ungerne verstanden, daß sie das Rathhaus mit Gewalt occupiret, die Schlüssel auf Faldern S. G. Soldaten abgefordert, das Geschütz auf dem Kirchhof von seinem gewöhnlichen Ort weggerücket, und andere Neuerung vor, die Hand genommen, was Grund und Meinung dasselbe hätte? und ob die allgemeine Bürgerschaft der Römisch-Kays. Majestät, auch dem heil. Römischen Reich, und S. Gnaden dessen Glied und ihrem angebohrnen Herrn des Landes hinferner schuldigen Gehorsam gedächten zu leisten, und von dieser Neuerung abzustehen oder nicht?

 Nach gehaltener Ueberlegung überreichte die Bürgerschaft dem Schröder eine schriftliche Antwort, die in ihrer aller Nahmen vom Gerhardo Bolardo und Petro de Vischer unterzeichnet war, dieses Inhalts: Weilen (so viel den 1 Puuct betrifft) Sr. Gn. die Bürgerschaft viel Jahre her sowol in Religion- als prophan-Sachen vielfältig beschweret; ihren Bitten und Supplicationen kein Gehör gegeben; die Kayserlichen Decreta und Jhro Kayserl. Majestät hoher Commissarien und Subdelegirten Execution-Recesse nicht geachtet; die Unterthanen bey dem Kayser und andern Potentaten als untreue

und rebellische Leute, welche die Grafschaft O[st]
friesland vom Röm. Reich abzutrennen, [und]
fremder Herrschaft unterthänig zu machen
Begriff wären, und im vergangenen Decem[ber]
das Rathhaus empörischer Weise occupiret h[al]
ten, angeklaget und beschuldiget; ein verme[int]
lich Decretum von Kays. Majest. per male n[ar]
rata sub- & obreptitie ausgewircket, und zu [ih]
rer höchsten Beschimpfung gebrauchet; son[st]
auch der Stadt Embden Privilegia gemin[dert]
und Ihr Seebriefe und Paßborten aufzubür[den]
dadurch aber der Stadt Siegel wider das Kays[.]
Diploma zu entkräften, sich angelegen seyn [las]
sen; die Geistllchen Güter im Lande, so m[ehr]
als den dritten Theil der Grafschaft ausm[ach]
ten, an sich gezogen; hin und wieder im La[nde]
den Gemeinen ihre Prediger genommen, und [an]
dere, die nicht eines Glaubens mit ihnen wie[der]
um aufgedrungen; auch neulich zu Embden [so]
verfahren, und ihren getreuen Lehrer Me[n]
nem abdancken, ja Consistorium und folglic[h al]
le Kirchen= und Armen=Ordnung aufheben [wol]
len; Die Unterthanen hin und wieder (wie [zu]
dieser Tagen in Leer) unschuldiger Weise ins [Ge]
fängniß würfe, und Ihro Gemüth gegen di[e sel]
bige hiemit an den Tag legte; Ihre Schl[össer]
mit Volk und Ammunition aufüllte; in E[mb]
den das Wort oder die Losung, wie auch [die]
Stadtschlüssel, so vormahls in der Stadt b[e]
Bu[r]

Bürgermeister verwahret worden, einem fremden unbekanten Mann auf dem Schloß ganz verdächtiger Weise anvertrauete; endlich auch Bürgermeister und Rath an die Hand hätte: So wäre eine getreue Bürgerschaft aus diesen und viel andern Ursachen, die bald gedruckt werden sollten, genöthiget worden, nicht animo offendedi, sed sui defendendi & assecurandi causa, dieses alles, was geschehen, wiewol ungerne, zu verrichten. Im übrigen (soviel den 2ten Punct anlangte) erkenneten sie sich Ihro Kays. Majest. dem heil. Römischen Reiche, und Ihrem Gnädigen Herrn, in allen Göttlichen und billigen Sachen schuldig zu allem unterthänigsten Gehorsam, wären auch willig darin zu beharren, könnten aber Noth- und Versicherungs halber ihr angefangenes Werk nicht einstellen. Welches alles Sr. Gnaden in Unterthänigkeit zu hinterbringen der Herr Secretarius hiemit gebeten würde. Mit einer solchen Antwort ward der Secretarius wieder abgefertiget z).

§. 36.
Die Embder suchen ihr Unternehmen bey Kayserl. Majest. zu entschuldigen.

Indeß säumten die Embder nicht, sofort den 20 Martii an die Römisch Kayserl. Majestät

z) Apol. Embd. p. 99-103.

stät in Prag **Gerhardum Ruffelar** mit eine[r]
schriftlichen Instruction abzufertigen, und daselb[st]
sten aufs beste durch ihn ihr unternommene
Werck entschuldigen zu lassen, wider den Herr[n]
Grafen aber allerhand Klagen zu führen, mit an[ge]
hängter allerunterthänigster Bitte, daß Kay[l.]
Majestät die Stadt bei ihren wolhergebrachte[n]
Privilegien schützen wolte, wiedrigesfalls sie au[s]
**unvermeidlicher Noth, zu ihrer Defensio[n]
anderswo Hülfe und Schutz zu suchen w[ider]
der ihren Willen gedrungen würden,** un[d]
wolten sie alsdenn vor Gott, der Römisch Kay[l.]
Majestät, und der gantzen Welt entschuldig
seyn, wenn daraus sowol dieser Graffschaft a[ls]
dem Römisch. Reich einige Ungelegenheit erwach[-]
sen möchte aa).

Sie liessen es aber bey dieser Legation nid[t]
bewenden, sondern fuhren inzwischen fort in i[h]
rem einmahl festgestelleten Unternehmen, und se[tz]
ten den gantzen alten Rath ab bb). Es war
zu der Zeit nur zween Bürgermeister in Embd[en]
Niclaus Horen, welcher bereits von Anno
her in Bürgermeisterlichen Würden gestand[en]
und **Onno Tjabbern,** welcher ebenfalls v[on]
Ao.

---

aa) Apol. Embd. p. 103. 104. *Emm.* H[ist.]
N. Temp. p. 20.
bb) Ap. Embd. p. 104. 105. *Wicht* An[n.]
p. 277.

Ao. 83 her Bürgermeister gewesen cc). Dieser letztere, ein Mann von herlichem Verstande, und der in Regiments-Sachen wol erfahren war, führte zu dieser Zeit das Präsidium im Rath dd). Er ward aber mit seinem Collegen und allen Rathsverwandten, nebst andern dazu gehörigen Bedienten, durch die Colonellen und Vierziger vom Amt verstossen, welches den 24 Martii geschah ee). Die Schuld welche man ihnen gab, war diese, daß sie 1) Sr. Gn. und nicht der Bürgerschaft geschworen, also nicht anders als nur Gräfliche Beamten anzusehen wären. 2) der Stadt Freyheit hätten mit helfen unterdrücken. 3) die Stadt-Gelder Sr. Gn. aus der Stadts-Kisten ausgehändiget, und die Stadt in Schulden gesetzet 4) die Bürgerschaft mit falschen Auflagen und Calumnien beschweret, wie aus dem Kayserlich. Provisional-Decret zu ersehen, 5) kürzlich, sich als Feinde der Stadt und Bürgerschaft erwiesen hätten ff).

cc) Vid. Series Consulum Embdanor. annex. Chronic. Ravingæ.
dd) Onno Tiaberius, qui præses tum Senatus erat, alioquin ingenio & doctrina insignis, & politicæ prudentiæ non expers &c. Ubb. Emm. in vit. Alting. p. 148.
ee) Apol. Embd. p. 105. Emm. lib. cit. p. 153.
ff) Apol. Embd. p. 104.

Nach geschehener Absetzung des alten Raths wurden die Nahmen der Neuerwehlten von dem Rathhause öffentlich publiciret, nemlich 4 Bürgermeister und 8 Rathsherrn gg). Die Bürgermeister waren Henricus Artopäus Lic. (der sich doch geweigert, und nie seinen Sitz genommen hat) Luppo Siefen, Arend Wolters, und Remet Diurcken hh).

Von dieser Zeit an sind allezeit 4 Bürgermeister in Embden gewesen, erwehlet von der Stadt: da bisher diese Zahl nicht allemahl in Acht genommen, sondern unterweilen nur drey, auch wol nur zwey das Bürgermeister-Amt verwaltet haben; die Bürgermeister aber von den Grafen bestellet worden, die bisweilen auch andere Gräfliche Bedienungen dabey gehabt haben ii). So war Henricus Grawerus, der Bürgermeister gewesen von Ao. 1540 bis Ao. 1550 den 12 Jan. an welchem Tage er gestorben,

gg) Ibid. p. 105.
hh) Ser. Consul. Embd.
ii) Hæc omnia satis nota sunt ex Ser. Consulum. Sic Henricus Grawerus cum duobus collegis Nonone Meckema & Iohanne Falcke Ao. 1540; postea cum unico collega Meckema ab Ao. 1541. usque ad 1546; & hoc defuncto solus consulatum gessit per tres annos.

ben, zugleich Gräflicher Drost in Embden bey Grafen Ennone II. und dessen nachmahliger Fr. Wittwen Gräfinn Anna kk). So war **Hermannus Lenth** Bürgermeister von Ao. 1552 bis Anno 1558 den 20 Julii, und zugleich hochgedachter Frau Gräfinn bey ihrer Vormündlichen Regierung Cantzler ll). So war auch Occo Frese Bürgermeister von Ao. 1581 bis 1590 den 29 Juli und zugleich Drost, unter Edzardi II. Regierung mm).

§. 37.

Der Lutherische Gottesdienst in der neuen Müntze wird aufgehoben.

Unter solchen Veränderungen musten es die Lutheraner mit entgelten. Die Versammlun-

kk) Henricus Grawerus & Consul civitatis Embdanæ erat, & arci præfecturæque proximæ ibidem præsidebat. Emm. Hist. Rer. Frisicar. lib. 59. p. 915.
ll) Emm. ibid. p. 941. Norder Anbtwort p. 66. Falsum igitur est, quod Everhardus van Reyd narrat, Comitem Edzardum violenter ad se traxisse potestatem eligendi & constituendi magistratum in urbe Embdana. Nederlantsch. Oorlogh. lib 11. p. 436.
mm) Studenten Missive an L. Hamelm. p. 155.

lungen auf der neuen Müntze wurden verboten, der Gottesdienst gäntzlich aufgehoben, und Ligario, der über ein Paar Jahr das Predigtamt verwaltet hatte, sich aus der Stadt hinweg zu machen anbefohlen. Es war dis auch gar nicht zu verwundern, sintemahl schon von erster Zeit her, da dieser Gottesdienst von dem Herrn Grafen Edzardo erlaubet worden, derselbige ein Stein des Anstosses gewesen; Hader, Haß, Neid, und Verbitterung gegen denselben durch die Religions-Streitigkeiten immer mehr und mehr angewachsen nn); und bereits eine geraume Zeit her nunmehro das Gerücht gegangen, daß man die neue Müntze stürmen, und die Verfammlung allda mit Gewalt zerstören wolte. Ueberdem so war Ligarius bey allen Reformirten aus Ursachen, die in den vorigen Geschichten enthalten, sehr verhasset. Also ward dann zur Zeit dieser Empörung das Predigen auf der neuen Müntze auf einmahl ausgerottet, nachdem es neun Jahr getrieben worden oo).

§. 38.

nn) *Emm.* in vit. Alting. p. 153.

oo) Apol. Embd. p. 100.

§. 38.

Graf Edzard, der sich alles fernern Unheils besorgen muß, ersuchet die General-Staaten um Beystand.

Graf Edzard war über alle vorgenommene Händel nicht wenig bestürtzt, und dis um so viel mehr, weil er in Argwohn stund, daß die Emder vorhätten, sich von dem Römischen Reich zu trennen, und zur Partey der vereinigten Niederlanden sich zu schlagen, ja von der gantzen Graffschaft solches befürchtete. Er könnte auch leicht ermessen, daß die Bürgerschaft in Embden sich nicht würde haben erkühnet, dergleichen Dinge vorzunehmen, **wann sie nicht eines fremden Beystandes im Fall der Noth versichert wären** pp), wie denn sie auch selbsten an Kayserl. Majest. nicht undeutlich durch ihren Abgeschickten Gerhardum Ruffelar ein solches zu erkennen gegeben. Ueberdem war ihm nicht unbekannt, daß die Herren Staaten kein gar zu gutes Auge auf ihn hatten qq), weil er

in

---

pp) *Emm.* in vit. Menf. Alting. p. **153.** Apol. Fmbd. p. 100. 105.

qq) Apol. p. 104. Ipfe *Emmius* fatetur, Embdanis jam anno superiori omnem benevolen-

in ihren bisher geführeten Kriegen, aus Respect gegen Kayserl. Majest. und den König von Spanien, sich nicht allein ihrer Partey nicht allzugeneigt erwiesen, sondern auch dergleichen Dinge von ihm ausgesprenget worden, die keine gute Freund- und Nachbarschaft setzen könnten. Insonderheit war bey dem Reformations-Werck in Gröningen und daher erfolgeter Ungnade über **Menso** dem Herrn Grafen der Nahme gemachet, er wäre ein solcher Feind der Reformirten Religion, daß er lieber wünschen sollte, daß Embden Päbstlich als Reformirt wäre; und aus blossem Neid und Verdruß, daß auch diese Lehre und Gottesdienst in Grönnigen gepflantzet, verfolgte er den **Menso** und gedächte ihn von seinem Dienst zu verjagen. Indem er nun also aus diesen und andern Ursachen befürchtet seyn muste, daß die Herrn General Stadten den Embdern die hülfliche Hand böten, so hielt er es höchst nothwendig zu seyn, eine Gesandtschaft an sie abzuschicken, um einen Versuch zu thun, ob sie nicht auf eine bessere Meinung gebracht werden könnten rr). Also sandte er seinen

Cantz-

lentiam & opem, si ope esset opus. a Comite Nassovio Guilhelmo Ludovico, Gröningensium Gubernatore, esse oblatam, in vit. Ment. Alt. p. 134.

rr) Apol. Beylag. p. 47-49.

Cantzler Conrad von Westerholt einen gelehrten, klugen, beredten Mann, welcher bey den Staaten über Rebellion der Embder klagen, alle Sachen aufs beste vortragen, und inständigst anhalten muste, ihm wieder solchen Aufstand behülflich zu seyn, mit Anerbietung, die Unkosten so darauf gehen möchten, gebührend zu erstatten, auch wenn es die Noth heischete, zu ihrem Beystand hinwiederum sich willig und bereit zu erzeigen ss).

§. 39.

Die Generalstaaten erbieten sich Unterhändler zu sein.

Die Generalstaaten erklärten sich hierüber den 2. April, daß ihr Rath wäre, daß der Herr Graf mit den Embdern sich gütlich wieder setzete, und es bey diesen gefährlichen Zeiten zu keiner Verbitterung und Thätlichkeit kommen ließ. Sie erboten sich dabey, daß sie bey dieser Sache als Intercessores und Unterhändler sich gern wolten gebrauchen lassen. Nechstdem gelobten sie, die Embdische Bürgerschaft ebenmäßig

---

ss) Apol. p. 105. 106, *Emm.* Hist. N. Temp. p. 21.

ßig zum Frieden zu vermahnen, und ernstlich
erinnern, daß sie aller scharfen Händel, dergl
chen sie bisher vorgenommen, sich enthalten möc
ten.   Die Copey ihres Schreibens an die Em
der ward dem Canzler **Westerholt** mitgetheil

Immittelst hatten die Embder erfahren, d
der Ostfriesische Canzler im Hag sich anshie
könnten auch leichtlich ermessen, was diese Gesant
schaft bedeuten möchte, derohalben fertigten
ebenmäßig **Petrum de Bischer** einen der C
lonellen ab, bey den Herrn Staaten ihre Sac
vorzutragen, und wider den Canzler zu arb
ten.   Dieser kam eben zu der Zeit in den Ha
da der Canzler seine Antwort empfangen hat
und hielt gleichfalls darum an, daß die Herr
Staaten sich der Stadt Embden annehmen möc
ten; und weil inzwischen das Anschreiben
Herrn Staaten in Embden angekommen wo
schickten sie eine Missive an **Petrum de Bisch**
sub dato den 10 April, worin sie sich erkläret
daß die Unterhandlung der Herrn Staaten
nen recht lieb seyn sollte, welches derselbe a
behörig vorgetragen, und darauf wieder
dem Hag seinen Abschied genommen tt).

Zwar hatte der Herr Graf sowol den
als 8ten April die Embder beschicket, und
ihnen begehret, die Waffen abzulegen, die Wa
ord

---

tt) Apol. Embd. p. 106. 107.

ordnung fahren zu laſſen, den abgeſetzten Rath zu
reſtituiren, und alles in vorigen Stand zu ſetzen.
Weil aber die vornehmſten Anführer beſorget wa=
ren, wenn ſie gleich alles nach des Grafen Wil=
len gethan hätten, ſo möchte es dennoch hernach=
mahls Köpfe koſten, alſo war ihnen die ange=
botene Handlung und Interceſſion der Herrn
Staaten weit lieber und ſicherer uu).

§. 49.

Gr. Edzard vermehret ſeine Soldateſch.

Immittelſt nun die Herren Staaten darauf be=
dacht waren, wie ſie Order ſtellen möchten,
daß eine Friedens Handlung zwiſchen dem Herrn
Grafen und der Stadt Embden möchte vorge=
nommen werden, auch zu dem Ende J. Caſyn
von der Hell, Reiner Cant, und Chriſtoffer
Arnsma ſolche Commiſſion ſollte aufgetragen
werden, unterließ Graf Edzard nicht ſeine Mann=
ſchaft zu vermehren, und hin und wieder die Päſ=
ſe und Landſtraßen mit Soldaten zu beſetzen,
weil er nicht verſichert ſeyn könnte, was die holl.
Unterhandlung für einen Ausgang gewinnen wür=
de.

uu) Ibid. p. 109. 110.

de. Dann und wann ward auch wol ein Embder Bürger aufgegriffen, und gefänglich angehalten. Die Embder waren bey so bewandten Sachen besorget, daß der Herr Graf seine Gelegenheit ersehen, und eine Menge Kriegsleute auf seine wolbefestigte Burg werfen möchte (welches von der Wasser Seite gar leicht zu thun war) sie aber dadurch unvermuthlich möchten überfallen werden. Daher wie sie einmahl die Resolution gefasset hatten, Gewalt mit Gewalt zu vertreiben, und sich wider den Herrn Grafen zu wehren, also wurden sie auch eins, diese ihnen verdächtige und gefährliche Festung zu zerstören, und damit dem Herrn Grafen die Macht zu benehmen, ihnen von daher Schaden zu thun. Es war eben am heil. Osterabend, (den 19 April) als sie diesen Anschlag ins Werk richteten; zu einer solchen Zeit, da die übrigen Unterthanen im Lande sich zu der heil. Osterfeyer anschickten. Die Bürgerschaft machte sich mit gesamter Hand auf, bemeisterte sich gar leichtlich der Burg, auf nur etwa zwischen 30 bis 40 Mann und einer solchen Menge nicht widerstehen konnten, rissen den Wall, Brustwehr, und Festung hernieder, füllten damit den Graben um den Wall herum ging, besetzten den Platz mit Bürgerwache, und namen das grobe Geschütz

von

xx) Apol. Embd. p. 107-109.

von dem Gräfl. Hause hinweg, und pflantzten es auf dem Marckt. Noch heutiges Tages wird die Gasse, wo vormahls der Schloß-Graben gewesen, die **Burg-Graft** genannt, weil der Graben darin hergeflossen yy).

§. 41.

Graf Edzard rüstet sich wider die Embder.

Dis neue Unternehmen der Bürgerschaft in Embden könnte nicht anders als eine neue Verbitterung zu Hofe erwecken. Der Herr Graf ward hiedurch desto eifriger, auf Mittel zu dencken, an denen Embdern (so immer möglich) sich zu rächen, und sie wieder zum Gehorsam zu zwingen. Derohalben ließ er unter der Hand die Werbung fortgehen, auf daß er mit mehrer Macht sein Vorhaben ausführen könnte wowider die von Embden den 28 April ein Placat drucken liessen, worin Edel und Unedel im Lande ermahnet wurden, kein fremd Volk ins Land einzulassen, widrigesfalls sie genöthiget wären

ihre

---

yy) Ibid. l. c. *Wicht* Annal. p. 277. Bernh. Elsenii Denckwürd. Begebenheiten p. 11. H* *m. Oldenb. Ehren. 3 Th. p. 481. Eman. v. Mereren Niederland. Hist. lib. 17. p. 739.

ihre Schleusen zu öfnen, und das Land au[f]
Uhr gehens um der Stadt her unter Waſſer
ſetzen zz). Damit aber vor allen Dingen
Sache Gott möchte anbefohlen ſeyn, ward
gen der bisherigen Unruhe in Embden den 2
auf Herrſchaftlichem Befehl im ganzen Oſtfri[es]
land ein Bet-Feſt von dreyen Tagen gehalt[en]
welches inſonderheit an denen Orten, wo Ge[me]i[-]
nen waren der Augsp. Confeſſion zugethan,
groſſer Andacht gehalten ward. Man pred[igte]
die Hiſtorie von dem Sieg Joſaphats wider
Ammoniter II Par. XX. 1. 2 —— 30.
Embder aber trieben das Geſpött mit ſol[chen]
Bet-Tagen, und rüſteten den 3ten May e[t]
Schiffe mit Geſchütz und Krieges Leuten
welche verhindern muſten, daß kein Rocken n[ach]
Norden, Gretſiel, Eſens und Wittmund geſ[üh]-
ret werden könnte, wodurch der Preis alſo
ſtiegen, daß in Aurich, Norden, und E[ſens]
die Tonne Rocken 8 Rthlr. galt. Graf E[rnſt]
ward hiedurch genöthiget, daß er zu Sch[utz]
bey Eſens 2000 Mann geworbener Sold[aten]
muſterte, und ſie herum in die Grete, ins B[roh]-
mer- Eſener- und Auricher-Land verlegte aaa)

§. 42

zz) Wicht Annal. p. 277. Meteren, Niderl[.]
Hiſt. lib. 17. p. 739. 740.
aaa) B. Elſenii Denckwürd. Begebenh. p. 1 [ ]

§. 42.

Die Generalstaaten schicken ihre Deputirte aus zur Friedens-Handlung um Ostfrießland zu beruhigen.

Den Cantzler Westerholt aber sandte Graf Edzard abermahl mit Credentz-Briefen und schriftlicher Instruction an die Herren Staaten in Holland, allwo derselbige den 9. May, in öffentlicher Versammlung das Gewerbe seines Gnädigen Herrn vortrug, die gewaltsame Zernichtung seines Schlosses erzehlte, und, nachdem Sr. Gnaden zur Defension genothdrenget worden, um Beystand unter vorigen Anerbieten anhielt. Die Herren Staaten gaben zur Antwort: Sie hätten ungern vernommen, daß die Sachen zwischen dem Herrn Grafen und der Stadt zu einer weitern Thätlichkeit gerathen wären; allem fernern Unheil aber vorzukommen, hätten sie bereits ihre Gecommittirte zum Friedens-Handel vor etlichen Tagen abgeschicket, in gutem Vertrauen, der Herr Graf würde sich zu seinem eigenem Besten dazu bequemen. Der Ostfriesische Cantzler traf auf seiner Rückreise die holländischen Commissarios in Gröningen an, und beredete sich mit ihnen. Nicht lange hernach ward der Friedenshandel zwischen dem Herrn Grafen und

der Stadt Embden unter fleissiger Beförder
der wolgedachten Commissarien zu Delffsiel
genommen bbb).

§. 43.

Fernere Nachricht dieser Unruhen

Vorher aber, ehe und bevor noch das
denswerck seinen würcklichen Anfang
nommen, hatten die Herren Grafen Enno,
Hann und Christopher, Sr. Gnaden
zard II. Herren Söhne, mit einer ansehnli
Mannschaft und fliegenden Fähnlein sich
dem Knock an dem Embs-Strom, eine
Meilweges unter Embden gelegen, hinbeg
und allda den 25 May eine Schanze ange
auch dieselbige mit 1200 erfahrnen und w
rüsteten Kriegesleuten besetzet und mit groben
schütz versehen, um dadurch das fernere Au

bbb) Ap. Embd. p. 110-118. Everh. van
Nederl. Oorlogh lib. II. p. 438.

fen der Schiffe, wodurch allerhand Schaden geschah, zu verhindern ccc).

Die Embder hingegen namen Graf Enno den 27 May beym Funnixer-Siel ein Schif mit Rocken von 55 Lasten weg. Den 28ten bemeisterten sie sich auch eines Krieges-Schifs beim Benser-Siel. Am selbigen Tage sind bei nächtlicher Zeit an die 500 Bürger aus Embden gezogen, in Hofnung Graf Edzard, der seiner Geschäfte halber von Aurich nach der Grete reisete, aufzuheben; allein der Anschlag war mißgerathen ddd).

Mit der Zeit machten sich die Statischen Commissarii Junker Casin von der Helle aus Geldern, Reinard Cant Bürgermeister zu Amsterdam, und Christoph Arensma I. U. D. aus Frießland, nach Delffiel, wohin auch des Herrn Grafen und der Stadt abgeordnete sich einfunden, da dann die Sachen weitläuftig gehandelt wurden eee). Die Embder erhielten flugs beim Anfang, daß die Herrn Commissarii ihnen

ccc) Apolog. Embd. p. 112. B. Elsenii Denckw. Begebenh. p. 12. Wicht Annal. p. 277.
ddd) Elsen. l. c.
eee) Everh. van Reyd Nederlantsch. Oorlogh. lib. II. p. 438. Apol. Embd. l. c. Ostfr. Hist. und Lands W. Tom. II. lib. I. n. 8. 9. p. 61-65.

ihnen vier oder fünf Fähnlein (Elſenius ſchr
bet von ſieben Fähnlein) Soldaten überlieſſ
die in der Stadt Eid genommen, und den 9
Junii vom Delffiel über die Ems auf die V
ſtädte gebracht, den 13 aber in die Stadt e
geführet worden. Der Vorwand war, d
man in der Stadt für einen Aufſtand ſich beſ
gete, und ſie daſelbſt bleiben ſollten, ſo lang
Friedens-Handel währen würde fff). Zw
wolten einige Bürger ſie bey erſter Ankunft ni
in die Stadt haben, und ſetzte es zwiſchen ih
und den Colonellen einigen Unwillen, endli
wurden ſie doch eingenommen. Denen Herr
Grafen machte dieſe Sache auch allerhand E
danken. Sie ſahen wol, wie es gemeinet w
jedoch war es zu gefährlich, mit ſo mächtig
Nachbaren zu brechen, bevorab da man ſich d
Gemüther ſeiner eigenen Unterthanen nicht durd
gehends verſichern könte; geſchweige, daß m
auch noch keine fremde Kriegeshülfe zu gewart
hatte ggg).

Noch in denſelbigen Monat war ein Lan
tags-Verſammlung, worauf die Landſtände d
Herrn Graf Enno inſtändig baten, daß er
Völcker aus dem Knock wieder weg nehm
möch-

fff) Apol. Embd. p. 112, 113. Elſen. p. 1
Wicht p. 277.
ggg) Elſon. p. 13.

möchte, damit das Friedens Werk um desto weniger gehindert würde. Der Herr Graf wilfahrete ihnen darin, und ließ sein Volk wiederum heraus rücken, und zwar mit Belieben und Gutbefinden seines Herrn Vaters hhh). Etliche wurden in die Grete, und hernach nach Berum gesandt, etliche wurden in Aurich verleget; etliche wurden gar ausgemunstert uud abgedanket iii).

Wann auch die Stände den Herrn Grafen Enno ersuchet hatten, (mit hinüber nach Delfsiel zu gehen, um den Friedens-Tractaten beyzuwohnen, ließ er solches sich gefallen, und ging im Nahmen, und an Statt seines Herrn Vaters, welcher darin geheelte, mit hinüber. Mit ihm reiseten den 3 Julii **Ico und Wilhelm von Kniphausen, Nagel von Plettenberg, Caspar von der Wenge, Huldrich von Ewsum,** der Canzler **Westerholt, Doct. Erich Limburg,** und **Doct. Johannes Heckmann.** Also erschienen sie den 3 Julii auf Delfsiel, wo die Embder Deputirten annoch verhanden waren. Endlich kam es dahin, daß zwischen dem Herrn Grafen und der Stadt den 15 Julii ein Vergleich getroffen ward, so der **Delfsylische Ver-**

                    brach

---

hhb) Apol. Embd. p. 113. Elsen. p. 13.
iii) Elsen. l. c.

drach genennet wird kkk), welcher nachgehen[d]
auf beiderseits Begehren von den Herrn Staat[en]
mit unterschrieben und bestätiget worden. E[s]
geschehen im Graven-Hag den 9 September A[nno]
1595 lll).

§. 44.

Einhalt des Delffsylischen Vertrages.

Kraft dieses Delffsielischen Verttrags war m[an]
über folgende Puncten eins geworden: d[ie]
1) die Predigten Augs. Conf. auf der neue[n]
Müntze abgeschaffet verbleiben sollten, und kei[ne]
andere Religion in Embden öffentlich gelehr[t]
werden, als die Reformirte, die gegenwärtig i[n]
der Grossen und Gasthaus-Kirchen gepredig[t]
würde; dennoch aber wolte man die andern i[n]
ihren Gewissen nicht beschweren; Auch sollte
Sr. Gn. ihre Hofpredigten, wenn sie auf d[er]
Burg die Hoffstatt hielten, frey und ungehin[-]
dert gelassen werden. 2) Die Wahl un[d]
Präsentation der Prediger sollten bey der G[e-]
meine, die Confirmation aber bei Sr. Gnad[en]
ver-

kkk) Ap. Emb. p. 113-117. Elfen. l. c. Em[s]
in vit. Alting. p. 153. Wicht p. 277[.]
lll) Delffsylisch Verbrach im Accordb. p. 13[-]
148. Eveth. van Reyd. l. c.

verbleiben; auch sollten die Elteſten und Diaconi ihre Kirchen- und Armen-Bedienungen ungehindert verwalten ohne Abfoderung einiger Rechnung. 3) Der Coetus und das Conſiſtorium ſollten im vorigen Stande bleiben, nur daß darin kirchliche und nicht weltliche Sachen gehandelt würden. 4) Kein Schulmeiſter ſollte Schul halten, weder in der alten Stadt noch in Faldern, ohne Bewilligung und Verordnung von Bürgermeiſter und Rath. 5) Die Einkünfte der Prediger, Schulen und Armen ſollten ungekränckt verbleiben; geſtalt dann auch die 72 Graſe Landes zu Hinte belegen, die weil. Fr. Gräfinn Anna ſeiner Gn. Frau Mutter aus den ehmahligen Probſtey Gütern an die groſſe Kirche vermachet, von Sr. Gnaden aber eine zeither entzogen, bey der Kirchen gelaſſen werden ſollten. 6) Die Cloſtergüter aber des Cloſters der Gaudenten (nunmehr das Gaſthaus genant) ſollten Sr. Gn. behalten. 7) Die Stadtprivilegia ſollten fürderhin ungekränckt bleiben. 8) Seebriefe ſollten von Bürgermeiſter und Rath unter dem Stadt-Siegel gegeben: wolte aber jemand auch von Sr. Gnaden überdem einen Seebrif nehmen, ſollte ihm ſolches frey ſtehen, jedoch daß er ein Atteſtatum von Bürgermeiſter und Rath vorzeigete, daß er würcklich ein Bürger wäre. 9) Die Rollen der Aemter und Gilden ſollten von Bürgermeiſter und Rath

unter dem Stadt Siegel ausgegeben werden. 10
Neuer Zoll, Accisen, und Imposten solte
wieder abgeschaffet werden. 11) **Die Wal**
des Raths sollte bey der Stadt bleiben; E
sollten aber jährlich auf Neujahr durchs Loos
Bürgermeister und 4 Rathsherrn abgehen, un
an deren Statt aus den Vierzigern so viel an
dere erwehlet, und sodann Sr. Gn. zur Confir
mation präsentiret werden, die dann den 7 Jan
als des Tages nach heil. drey Könige auf den
Rathhause zu Embden in Sr. Gn. und de
Stadt Eid, von einem, den Sr. Gn. dazu be
ordern würde, sollten genommen werden. D:
dann 12) **die Eides-Formul** vorgeschrieben.
13) Auch soll **die Wahl der Vierziger** bey
der Stadt seyn. 14) **Die Acten und Con-**
tracten der Stadt sollen bündig und gültig
geachtet werden, insonderheit welche Bürgermeister und Rath mit Privat-Personen zum Besten
der Stadt aufrichten. 15) **Die Officianten**
und Diener der Stadt sollen von Bürgermeister und Rath angenommen werden, und sowol Sr. Gnaden als ihnen schweren. 16) Fal-
dern sollte der alten Stadt mit einverleibet seyn,
auch einerley Privilegia mit derselbigen geniessen.
17) Für solchen Abstand der habenden Gerechtigkeit auf Faldern wolte Embden alljährlich an
Sr. Gn. 1700 Rthlr. **Recognitions-Gelder**
zu entrichten verpflichtet seyn. 18) Die Be-

wah-

wahrung der Stadt, die Wache, Losung und Schlüssel sollten bey Bürgermeister und Rath seyn; auch sollte der alte Wall zwischen der Stadt und Faldern mögen herunter gerissen, und der Grund zum Besten der Stadt gebrauchet werden, jedoch daß keine Fortification oder neue Wercke ohne Sr. Gn. Bewilligung darauf gebauet würden. 19) Civil-Sachen sollten von dem Rath beurtheilet werden, salvo tamen jure Appellationis ad Dicasterium. 20) Criminal-Sachen in kleinern Uebertretungen, die mit dem Staupenschlag, Schandtonne, Verweisung, und dergleichen zu strafen, sollten auch zur Erkenntniß des Magistrats stehen, und die Strafe im Nahmen Sr. Gn. exequiret werden. Die aber am Leben zu strafen, sollten nach der Inhaftirung innerhalb 2 Tagen, so es ein Bürger ist, und innerhalb 24 Stunden, wann es ein Fremder, auf die Burg überliefert werden. 21) Missethäter, die das Leben verwirket, sollten zur Erkentniß und Iudicatur Sr. Gnaden gestellet werden. 22) Jedoch wann es ein Einwohner der Stadt, so sollten Sr. Gn. Räthe, nebst eben so viel Persohnen aus dem Rath zu Embden, das Blutgericht auf der Gräfl. Burg über denselbigen halten: wann es aber ein Fremder, sollte das Gericht allein von Sr. Gnghen Drosten nach alter Weise gehalten werden. 23) Das Schwerdt der Justitz sollte

auf

auf dem Rathhause verwahret, und bey vorse[n]
der Execution ausgelanget werden. 24) D[ie]
Geld-Brüche in der Stadt und Faldern soll[en]
unter Sr. Gnaden und dem Rath in Embd[en]
halbscheidlich getheilet werden. 25) Die Gr[äf]
liche Burg sollte zwar nach dem Wasser, ni[cht]
aber nach der Stadtseite, wieder befestiget werd[en]
um alles fernern Mißtrauen zu verhüten; au[ch]
sollte der Drost darauf ein Landsasse seyn, d[er]
den Bürgern nicht zuwider wäre. 26) Festu[n]
gen, Blockhäuser oder Schanzen soll[te]
Sr. Gn. weder in der Stadt noch an den Emb[er]
Strom anlegen. 27) Das Gräfl. Geschü[tz]
möchten Sr. Gnaden aus der Stadt hinwegfüh[r]
en, nicht aber wieder auf die Burg bringen; d[ie]
Stücken auf dem großen Drenger könnten z[ur]
Beschirmung der Stadt allda verbleiben. 28
Das angenommene Krieges-Volk zu Wass[er]
und [zu Lande sollte] von beiden Parteyen innerhal[b]
Monaths [Frist] nach diesem Vergleich abgeda[n]
cket werden. 29) Alle angehaltene Perso[h]
nen und Güter sollten auf beiden Seiten oh[ne]
einzigen Entgelt wieder frey gelassen werden. 3[0]
In Betrachtung dieses eingegangenen Vergleich[s]
sollten Bürgermeister und Rath zum Beweis d[er]
Danckbarkeit eine Summa von 80000 G[ld]
welche unter Hand und Siegel sollten versiche[rt]
und bis völliger Zahlung mit 8 pro Cent ve[r]
rentet werden. T/ 3 () [Die] Selder, welche S[r.]
Gn.

unter der Gräflichen Regierung.

Gn. bereits von den vorigen Bürgermeister und Rath aus der Stadt-Casse gehoben, imgleichen worzu die Stadt sich verpflichtet, sollten weder von Sr. Gn. noch von dem vorigen Rath wieder gefodert werden. 32) Die Gräfl. Burg sollte von der Stadt mit einer Mauer und ansehnlichen Pforte wieder befestiget; anstatt des vorigen Grabens ein Canal oder Pype zur Abführung des Wassers und Unflaths gemachet; der zugefüllte Graben zu einem Garten angeleget, und endlich ein neues bequemes Haus aufgebauet, und damit der Schloßplatz gegen der Ems ausgezieret werden. Alles dieses sollten Bürgermeister und Rath auf Kosten der Stadt besorgen. Imfall aber Sr. Gnaden den Bau des Hauses selbst verrichten wollte, so sollte die Stadt 20000 Gl. zu demselbigen zu erlegen gehalten seyn. Alle diese Dinge sind zwischen den Gräflichen und der Stadt Embden Verordneten in der Fortresse zu Delffsiel verabschiedet, und nachmahls von Sr. Gn. dem Herrn Graf Edzard unterschrieben worden mmm).

§. 45.

mmm) Delffsylisch Verdrach im Merow B. p. 121-136.

§. 45.

Die Embder und Staaten haben i[hren] Zweck erreichet.

Also hatten nun die Embder, wornach sie[lan]ge getrachtet hatten. Die Staaten Holland waren durch diesen Handel zug[leich] mit von ihrer besorgten Gefahr erlediget, di[e sie] bey bisherigen Läuften und sonsten weiter hin [von] ihrem verdächtigen Nachbahrn nnn) ([den] Emanuel von Meteren den Herrn Gr[afen] nennet) vermuthen seyn können. Der gute [al]te Herr aber muste vor dißmahl der Zeit [und] Nothwendigkeit nachgeben ooo).

Unter

---

nnn) *Armis deinde a Comite commotis, & [ob]sidione Urbis inaniter tentata, interponentibus se foederatis per Belgium Ordinibus, [qui] periculum suum ex ea armorum co[mmo]tione metuebant, transactio secuta est, [&] Delffzilana ex loco actionis est nuncup[ata.]* Ubb. Emm. in vit. Alting. p. 153. [Cum] *Ordinibus Belgicarum Regionum hac res spectasset, interposuerunt sese huic neg[otio] & in Delffsilo Conventu habito &c.* W[inseem.] Annal. p. 277.

ooo) Emanuel von Meteren Niederländ. [Historien] lib. 17. p. 740.

Unter allen solchen Troublen hatte hochgedachter Herr Graf Edzard, welcher reiflich bey sich überlegte, was für Uebels die von seinem Herrn Bruder weil. Grafen Johann Christl. Gedächtniß, prätendirte Landes-Theilung nach sich gezogen, und wie vornemlich dessen Prätension eine von denen grössesten Haupt-Ursachen aller bisherigen Unruhe und Verdrießlichkeiten gewesen, bey Ihro Kayserl. Majest. Rudolpho II. angehalten, daß das Ius primogeniturae oder **Recht der Erst-Gebuhrt,** welches in Ostfriesland bisher üblich gewesen, von Ihro Kayserl. Majestät möchte confirmiret, und dadurch aller künftigen Zwietracht, Irrung und Unheil über eine zu hoffende Landestheilung möchte vorgebeuget werden. Eben da der grösseste Lerm in Embden vorschwebte, erhielt Sr. Gn. hierüber einen **Kayserl. Bestätigungs-Brief** oder **Diploma,** worin das Recht des Erstgebohrnen befestiget, alle künftige Theilung des Landes verbothen, denen übrigen Brüdern des Erstgebohrnen und Regierenden Herrn ein gewisses Deputat zum Gräflichen Unterhalt, denen Schwestern aber die nothwendige Alimentation und ehrliche Aussteuer zugeordnet, und solches beständig in dem Gräfl. Ostfriesischen Hause und bey allen Nachkommen zu observiren befohlen war. Es war dieses Diploma ausgefertiget zu Prag den 4ten April des 1595ten Jahres. Ob nun schon Sr. Gn.

J aus

aus dieser Kayserlichen Confirmation des R(
der Erstgebuhrt einiges Vergnügen schöpfen,
sich darüber freuen könnte, daß nach seinem
de sein ältester Herr Sohn Graf Enno die
gierung geruhig (so viel an dem Gräfl. H
låge) und ohne Disput würde anzutreten ha
so ward doch sothane Vergnügung durch
Embdische Wesen sehr unterbrochen.
endlich sollte der Delffsielische Vertrag den
den bringen: allein die daraus erfolgte Bef
gung der Parteyen war eigentlich kein Friede,
dern nur ein Stillstand, wie solches der
folg dieser Geschichte genugsam an den
leget ppp).

 Immittelst als nun alles durch oft bef
Vergleich schiene in einen friedlichen Stand
dergebracht zu seyn, und der Herr Graf d
seinen Rath D. Erich Limburg, die E
aber durch Lüppo (oder Philipp) Sicken
germeistern, und Johann Ameling und
tern de Vischer Colonellen, im Graven=
den 9ten September denselbigen unterschr
ur

ppp) Diploma Iuris Primogeniturae de Ao. 1
  vide in Facti Specie contra Filiam B.
  Fried. Ulrici in puncto Apanagii, B(
  lit. C. p. 8-12. gedr. Ao. 1710.
  Ostfr. Histor. und Lands-Verfass. Tom
  lib 1. N. 63. p. 407——411,

und verfiegeln laſſen, in Gegenwart der Herren General-Staaten, welche auf Erſuchen die Unterſchreibung mit verrichtet, und verheiſſen haben, die Hand daran zu halten, daß der Inhalt auf beiden Seiten getreulich in Acht genommen würde, ſo namen hochgedachte Herrn Staaten ihre Völker aus Embden wieder heraus. Der Herr Graf Edzard ließ ſeine beiden Herren Söhne Grafen Johann und Chriſtoffer wiederum nach Franckreich gehen, woſelbſten ſie in Kriegs-Dienſten ſtunden. Der Herr Graf Enno aber that in Angelegenheiten des Gräfl. Hauſes eine Reiſe nach Prag zu Ihr. Kayſerl. Majeſtät qqq).

§. 46.

Lic. Herrmann Hamelmanni Lebenslauf.

Eben zu der Zeit, da die Abgeſandten der Herrn General-Staaten zu Delfſiel ſich aufhielten, um das Oſtfrieſiſche Friedens-Werk zu befördern, ſtarb zu Oldenburg den 26 Junii der vieljährige Superintendens allda Licent. Hermannus Hamelmann, deſſen Lebenslauf

qqq) Apolog. Embd. p. 117. 118.

lauf ich allhier kürzlich berühre, weil seiner in vorigerzehlten Geschichten gedacht worden r

Er ist Anno 1525 in Westphalen zu Osnabrüg in der Neustadt von Päbstlichen E gebohren, und in der Päbstlichen Religion e erzogen worden, worin er auch bis in das 2 Jahr seines Alters beständig geblieben. S Vater ist gewesen **Eberhardus Havelm nus** ein vieljähriger Canonicus und Dohm daselbst. Die ersten Fundamenta seiner S dien hatte er in der Schulen zu Osnabrüg geld und nachmahls auf Universitäten dieselbe for setzet sss).

Anno 1552 am Tage der heil. Drey tigkeit hat er in dem Städtlein Camen in W phalen, woselbsten er Prediger war, und Lehre des Pabstthums Zeit seines Amts getrieb allen Römischen Lehrsätzen öffentlich entsag und zur Evangelischen Warheit sich bekan worüber er von dem Marschall der Grafsch Marck **Theodoro Reckio** (der doch herr selbst zum Lutherthum übergetreten) und Bür-

rrr) Hamelmann. Oldenburgische Chro 3 Th. im Anhang p. 482.

sss) Eiusd. Præfat. ad Epitom. Chronicii O burgens. Ertmanni. Opp. Geneal-Histo p. 589. Wasserbach. Vita Hamelm. p missa Opp. Geneal-Hist.

Bürgermeistern und Rath selbiges Ortes von seinem Pfarrdienst abgesetzet worden ttt). Hamelmann that hierauf eine Reise, und besuchte verschiedene Universitäten, um sich daselbst mit gelehrten Leuten der Religion wegen zu besprechen uuu).

Als er Anno 1553 seine vorgehabte Reise abgeleget hatte, kam er in sein Vaterland zur Stadt Bielfeld, und erhielt daselbst von dem Dohm-Capittel die Freyheit zu predigen, und früh Morgens von 6 bis 8, wie auch des Mittags von 12 bis 2 Uhr, den Gottesdienst zu halten, wozu der Dohm Dechant Antonius Vemejerus selbsten die Erlaubniß und Confirmation ertheilte. Es daurete ein gantzes Jahr, daß er frey predigte, mit der Versammlung deutsche Gesänge sang, mit den Kindern den Catechismum

---

ttt) Hamelmann Hist. Renati Evang. in Westphal. Comitatu de Marck, Opp. G. H. p. 825.

uuu) Histor. Renati Evangelii in Comitatu Ravensburg. Opp. G. H. p. 834-849. Totum hoc Colloquium cum Arnoldo Bomgardo, P. Waffenburgico, ex Mspt. Hamelmanni exhibent Autores die Sammlung des Alten und Neuen auf Ao. 1720. im 6ten Beytrag N. 14. Altes p. 924. seqq.

mum trieb, und hieben einen groſſen Zulauf h
te. Nachdem er aber Anno 1554 am Fr
leichnams-Tage eine Predigt von dem rec
Gebrauch und Mißbrauch des heil. Abendma
hielt, und die Herumtragung und Anbetung
geſegneten Brods beſtrafte (wie er dann ſon
wol beſcheidentlich bisher in ſeinen Predigten
Irrthümer der Päbſtlichen Lehre angewieſen h
te) von ſelbiger Predigt aber viel widriges a
getragen war, lieſſen die Dohmherrn den R
der Stadt zu ſich fordern, und begehrten,
Hamelmann aus der Stadt gejaget wü
Einer von den Bürgermeiſtern Jodocus Rin
len antwortete: Man könte niemand ungeh
verdammen. Wie nun Hamelmann vorgc
dert ward, bat er, man möchte ſeine Zuhö
befragen, was und wie es geredet, die würd
am beſten davon zeugen können. Der Rath l
ſich ſolches gefallen, und erfuhr alſo von de
citirten Bürgern, daß es lauter unwahre S
ſchuldigungen wären, worüber Hamelmann
geklaget worden. Das Dohm-Capittel a
war mit dieſer Unterſuchung nicht zufrieden,
dern ließ die Sache an den Droſten des Ha
Sparenburg, Matthias von Oldenbuch)
langen, welcher ebenmäſſig, als er darüber
Inquiſition anſtellete, aus dem Gezeugniß
Bürger erfuhr, daß alle Klagen auf falſc
Grund beruheten. Allein auch dis mochte 1
hel

helfen, sordern es ward die Sache gar an den Gülischen Hof gebracht, von dannen ein Fürstl. Befehl-Schreiben an den Drosten **Oldenbuch** erging, daß er **Hamelmann** in Arrest ziehen sollte. Der Drost rieth ihm an den Canzler zu Gülich **Johannem Blattenum** zu schreiben, und dessen Raths sich zu bedienen, aber von demselbigen erhielt er keine Antwort. Also machte er sich auf, und reisete nach Hofe, sich daselbsten zu verantworten, wie dann auch einige Dohm-Herrn als seine Gegner sich dahin begaben. Auf dem Wege trafen sie den Fürsten **Wilhelm** auf dem Hause Beaßborg an, daselbsten ward **Hamelmann** von den Fürstlichen Rath **Carolo Hast** examiniret, bey welchem er seine Gegennothdurft zu erkennen gab, insonderheit auch, wie er auf diese Weise von den Dohm Herrn die Freyheit zu predigen erhalten hätte, daß er alles, was er aus Gottes Wort beweisen könnte, ungehindert vortragen möchte. Von hier ward er nach Düsseldorff gewiesen, allwo er den 14 Augusti sehr hart empfangen ward, weil er wider Fürstliche Verordnung die Lehre der Augsp. Confession in dem Lande des Fürsten geprediget hätte. Darauf muste **Arnoldus Baumgarten** Pastor zu Waffenburg und Canonicus zu Düsseldorf mit ihm ein Colloquium halten, und als solches geschehen, hiessen ihn die Fürstl. Räthe wieder nach Hause zu reisen. Da er heim kam, fand sich in Bielefeld

feld ein Fürstl. Anschreiben vor, an den Dro
das Dohm-Capitel, und den Rath, daſ
Hamelmann wegschaffen sollten, welches
den 22 August sofort bei seiner Heimkunft a
deutet ward.   Also muste Hamelmann ſe
Fuß weiter setzen.   Nach seinem Abschied
stellten die Dohm-Herrn einen Münch zu
digen, welcher bey seinem Antritt, so da
am BartholomeusTage, also seine Rede anf
Bisher ist hier ein Ketzer gestanden,
hat gelehret, man sollte Heiligen nicht
ren noch anbeten; wann aber solches n
recht wäre, warumb sind dann die F
tage verordnet? Sobald das Volk sol
hörete, fingen sie alle einmüthig an zu sing
Ach Gott von Himmel sieh darein &c. (
feste Burg ist unser Gott &c.   Erhalt u
Herr bei deinem Wort &c.   Endlich w
durch Ankunft der Bürgermeister alles |wie
stille.   Doch fingen hernach die Weiber an
Steinen auf den Münch zu werfen, daß er
nug zu thun hatte, davon zu kommen xxx).

§. 47.

xxx) Ibid. p. 842. Studiosus quidam videns, q
muli rculæ in monachum impetum facie
corriperent lapides ex sepulchro filioli
melmanni, qui nuper sepultus erat,
hoc distichon:

Vin

§. 47.

Continuatio.

Die Stadt Lemgow nam den aus seiner werthen Stadt Bielefeld ausweichenden Hamelmann mit Freuden wieder auf, und machte ihn zu einem Prediger in der Neustadt, zu welcher Bedienung er Ao. 1554 am Fest-Tage Michaelis den Anfang machte. Sein beständiges Gemüth bei der reinen Evangelischen Warheit, seine gute Gaben, wie auch seine schöne Studia machten ihn bey jedermänniglich beliebt, und erweckten ihm ein gutes Ansehen yyy). Daher Graf Bernhard von der Lippe ihn mit andern Theologis in folgenden 1555ten Jahr den 12 May gebrauchte, seine Grafschaft von dem Sauerteig des Interims zu säubern. Zu solchem Wercke waren bestellet Mauritius Piderix,

Vindicat innocuum Patrem jam mortuus
Infans
Ut turbent Monachum, suppeditans lapides.

yyy) Hamelm. in Hist. Renati Evang. in Comitatu Ravensburg Opp. G. H. p. 839. it. in Comit. Lippiens. p. 819. it. in Civitate Lemgoviensii p. 1078.

riß, M. Gerhardus Cotius, der Hofpr(e)
ger Joh. Wilhelmus Torberatus, und P(?)
Hamelmann zzz). So ward er auch in d(e)
selbigen Jahr auf die Synode, welche die G(ra)
fen von Waldeck des Interims wegen ha(l)
liessen, mit gefodert aaaa). Nicht lange hern(ach)
fing Graf Johann von Rittbergen einen (?)
nöthigen Hader mit Grafen Bernhard v(on)
der Lippe an, wie davon im 5ten Buch di(eser)
Chronica Cap. 11. erzehlet worden) wori(n)
sie einer den andern ins Land fielen. Als n(un)
die Sache so weit kam, daß der Graf von (der)
Lippe sie an die Stände des Westphälisch(en)
Kreyses gelangen ließ, und deren Hülfe begehr(te)
machte der Herzog von Jülich und Cleve W(il)
helm auf Angeben seines Canzlers Vlatte(n)
einige Schwierigkeit, einwendend, daß der Gr(af)
von der Lippe einen Feind der Warheit (in)
seinem Lande hielte. Also muste Hamelman(n)
der damit gemeinet, und nahmentlich angezeig(t)
war, eine Weile aus Lemgow wegziehen, dam(it)
seine Anwesenheit dem Grafen zu keiner Hind(e)
rung

zzz) Idem in Hist. R. E. in Comit. Lippiæ
819.

aaaa) Idem in Hist. R. E. in Comit. Walde(c)
chiens. p. 852.

rung dienete bbbb). Hierauf ward der Graf von Rittbergen von dem Westphälischen Kreis befrieget. Herzog **Wilhelm von Jülich** als Kreis-Oberster, der Bischof zu Paderborn, und andere Stände dieses Kreises zogen mit dem Grafen von der Lipp vor die Stadt Rittbergen, belagerten sie, und trieben den Rittbergischen Grafen Johann dahin, daß er Ao. 1557 den 25 May sich selbst und die Stadt ergeben muste cccc). Hamelmann, welcher ganz willig auf Begehren seines gnädigen Herrn, des Grafen von der Lippe, aus Lemgow weggegangen, brachte unterdeß zu Papier, was zwischen ihm und Past. **Baumgarten** vorhin zu Düsseldorf war gehandelt und disputiret worden, hielt darüber den 1 Julii Ao 1558 zu Rostock eine öffentliche Disputation, und ward darüber Licentiatus Theologiæ dddd).

Die

bbbb) Idem in Hist. Ren. Evang. in Comitat. Ravensburg. p. 839. it. in Comitat. Lippiens p. 821. it. in Urbe Lemgov. p. 1078.
cccc) Dav. Chytræi Sachsen-Chronic. 2 Th. lib. 18. p. 84. 85.
dddd) Hamelm. Hist. R. E. in Comit. Ravensb. p. 840. it. in Comit. Lipp. & urbe Lemgov. l. c.

Die Stadt und Bürgerschaft zu Lemgo nachdem die Streitigkeit mit Rittbergen vorb[ey] und sie vernommen, daß **Hamelmann** [re]moviret hatte, rieffen ihn wieder zu sich und er nach der Zeit an die 11 Jahr bey ihnen Diensten gestanden. Auch hat es Gott so [ge]wandt, daß seine Feinde zu Freunde geword[en.] **Vlattenus** der Jülische Canzler, der vor[hin] seine Verfolgung befördert hatte, began sich i[hm] geneigt zu bezeigen. Herzog **Wilhelm** v[on] **Jülich** als **Hamelmann** ihm einige Theolo[gi]sche Schriften von der Rechtfertigung, wel[che] **allein durch den Glauben** geschiehet, so [er] mit der Lehre der Kirchen-Väter aus allen Sec[u]lis bestärket hatte, imgleichen einige Sachen v[on] Westphalen, dediciret hatte, sandte er ihm nic[ht] allein ein gnädiges Präsent, sondern entschuldig[]te sich auch, daß alles vorhin erzehlete ohne seine gründlichen Vorbewust geschehen wäre, ja b[ot] ihm einen Kirchdienst an. Ao. 1559 ward i[n] der Graffschaft Lippe eine Synode gehalten, d[a] **Hamelmann** nebst **Piderit** und **Cotio** wied[er] gebrauchet worden. Graf **Johann von Wal**[]**deck** sandte dahin M. **Michael Jacobinum** und Graf **Albrecht von Hoya** M. **Adria**[]**num Burschotium** eeee). Nach der Ze[it] ward

eeee) Idem in Hist. R. E. in Comit Waldeob. p[.] 853. it. in Comit. Lipp. p. 821.

ward er im Jahr 1569 auf Recommendation der berühmten Theologen D. Martini Chemnitii, und Doct. Jacobi Andreä vom Herzog Julio zu Braunschweig berufen, und zu einem General-Superintendenten in Gandersheim bestellet, da ihn dann die Stadt Lemgow ungern missete, wiewol sie sich in dem Verhängniß des Höchsten schicken muste fff).

§. 48.

Ferne Continuatio.

Welcher gestalt Licent. Hamelmann Anno 1573 durch Veranlassung des damahligen Superintendentis Generalissimi zu Braunschweig D. Nicolai Selnecceri zu Oldenburg berufen und alda Superintendens geworden, solches habe ich im Sechsten Buch dieser Chronic Cap. 11 berichtet gggg). Die gute Freundschaft mit Selneccero, Chemnitio, Jacobo Andreä, als Verfasser der Formulæ Concordiæ; die Standhaftigkeit bey der Lehre
....
der
....

fff) Idem in Hist. R. E. de Eccles. Brunsvic. p. 898. 899.
gggg) Hamelm. Oldenb. Chronic 3. Th. p. 414. 415.

der Augsp. Confeſſion; das Colloquium ʒ
ver, welches er Ao. 1576 mit denen verd[
gen Predigern **Conrado Quantio** Pa[
Wadwarden und **Johanne Meppelenſi**[
rario zu Sillenſtede gehalten, worüber die
Zwingliſch- und Hardenbergiſch-Geſinnt[
ihren Aemtern abgeſetzet wurden; wie auch
ge Schriften, die er drucken laſſen, erweckte[
ſowol bei heimlichen als öffentlichen Reform
einen groſſen Haß hhhh).

 Inſonderheit war **Doct. Pezelius**
ihn ſehr verbittert. Denn als derſelbe von
Bremern angenommen ward, hatte Ha[
mann angefangen ſeine Dillenbergiſche Pr[
ten vom heil. Abendmahl anzutaſten, und
Irrthums zu beſchuldigen. Weil nun Pe[
us dis nicht wol verſchmerzen könte, brach
ſelbe in eine Antwort wieder heraus. Und
der Zeit an nam er Gelegenheit den Licent. [
          .mel

hhhh) Hinc Petrus Warenburgius Altkirch[
 ſis, quem Pezelius laudat, petulans co[
 tiator, de Hamelmanno: *Ipſe Iacobi An[*
 & Selneccceri & ſimilium ſtercora legat
 lingenda ſuis proponat. Chr. Pezelii de
 cramentali Verborum ſ. ſ. Coenæ Inter[
 ratione Orthodoxor. Patrum ſelectiſ[
 Dicta, in Præfat. lit. a.

melmann heßlich herunter zu machen iiii). Die Embder wurden mit der Zeit mit eingewickelt, zuförderst weil L. Hamelmann in der Sachen des Colloquii, so zu Aurich Ao. 1580 zwischen den Lutheranern und Reformirten sollte gehalten werden, etwas in öffentlichen Druck gesetzet, daß ihnen nicht wolgefiel kkkk); nechstdem die Vorrede Pezelii über die Bekenntnisse der Prediger in Embden mit einer öffentlichen Schrift angetastet hatte llll). Daher griffen sie ihn einmüthig an; Pezelius in einer Studenten-Missive, mmmm) die Embder, in ihrem Bericht von der Reformation nnnn). Eben zu solcher Zeit, da die Embdischen Schriften begunten ans Licht zu treten, hatte Doct. Pezelius einen Tractatum de Cœna Domini mit einem Anhang von

iiii) In ead. Præfat. lit. a 2. seqq.
kkkk) *Emm.* in vit. Mens. Alting. p. 81.
llll) *Hamelmann* Anbtwort auf die prächtige Præfation oder Vorrede D. Christ. Pezelii gebr. zu Tübingen Ao. 1592.
mmmm) Missive oder Send-Brief etlicher Studenten sampt einer Päbstl. Bulle an L. Herrn Hamelmann mit einer Vorrede D. Pezelii.
nnnn) Embder Bericht von der Evangelisch. Reformation p. 366. seqq.

von allerhand Sprüchen aus den Kirchen
tern heraus gegeben oooo). Wider diesen
hang hatte Licent. Hamelmann eine S(
in lateinischer Sprache verfertiget, worin c
Verstümmlung und Unrichtigkeit der ange:
nen Sprüche der Kirchen-Lehrer anzeigete, ẅ
sich Pezelius als eines Kunstgrifs bedienet
te pppp). Dieser aber machte Anno 1592
wider ein Büchlein, worin er als in einem B̈
lein die auserlesensten Sprüche der Väter t
heil. Abendmahl zusammen sammlete, und
dem Hamelmann und andern Theologis en
gen setzete. Diese Schrift sowol, als ol
Studenten Missive ist durchgehends voll von Z
kleinerung, Lästerung, Beschimpfung des H
melmans und anderer ehrlichen Männer qqq
Die

oooo) D. Pezelii de Sacram. Verbor. f f, C
næ Interpretatione, in fine Præfationis.
pppp) Hamelm. de Impostura, fraudulentia, ⟨
pravatione, atque falsitate D. Christ. I
zélii, & omnium Sacramentariorum, in
tandis atque allegandis testimoniis Patru
Conf. Micralii Hist. Eccl. lib. 3. sect.
qu. 48. p. 756.
qqqq) Ex Pezelii de Sacram. Verb. f.
Cœna Interpret. Patrum Dicta; it. ex em⟨
titi cujusd. Petri Warenburgii libello, i
gentem convitiorum numerum cumulur
que,

Die Studenten=Missive hat Hamelmann noch zu guter letzt gar derbe beantwortet und die darin enthaltene grobe Lügen angewiesen; und in der Schluß=Rede die Ostfriesen A. C. sowol Hoch als Niedrige, zur Beständigkeit in der Lehre Lutheri vermahnet rrrr).

Da nun gedachter Licentiat in einem hohen Alter hierüber weg starb, und den 28 Junii Anno 1595 in der Kirchen S. Lamberti zu Oldenburg gar ehrlich begraben ward ssss), ließ sein Schwiegersohn Gerhardus Giesekenius ein Jurist zu des selig verstorbenen Schwieger=Vaters Vertheidigung einen Tractat von der Warheit des Leibes Christi im heil. Abendmahl drucken, welcher wider Pezelium eingerichtet, und Ao. 1598 zu Frankfurt gedrukt war tttt).

§. 49.

que, adversus Hamelmannum evomitorum, gener eius *Giesekenius* coogessit, iisdemque paginas aliquot complevit in Libro de veritate Corporis Christi in s. Coena p. 37 à 40.

rrrr) L. Hamelmann Kurtze Antw. auf das Lügen=Buch und Famös Libell. unter 3 erdichteten Studenten Nahmen zu Bremen gedruckt. Ibena Ao, 1595.

ssss) *Hamelm. Oldenb. Chron.* Anhang. p. 482.

tttt) *Giesekenii* J. C. de Veritate corporis Christi in s. Coena Defensio posthuma pro Herm. Hamelmanno. Francof. 1598.

K

§. 49.

Ubbo Emmius ein starker Feind des [Ha]melmanns.

Auf oberzehlten Ursachen ließ auch Ubbo [Em]mius, der ein großer Freund Mens[ii] Altingii und D. Pezelii war, sich ange[legen] seyn, oftgedachten Licent. Hamelmann, n[ach]dem er bereits das Zeitliche gesegnet hatte, in [sei]nen Schriften durchzuziehen, und bey der N[ach]welt stinkend zu machen. Welches an ihm [um] desto weniger zu verwundern, nachdemmah[l er] ohnedem gewohnet war, sowol Edele als U[n]dele, sowol Geistliche als Weltliche in seinen Sch[rif]ten mit unglimpflicher Feder zu beschreiben, w[enn] etwa ihre Religion oder Thaten mit seiner [An]sicht nicht übereinstimmeten, worin er selbs[t den] Ostfriesischen Landes-Herrschaften nicht ges[cho]net hat, wie solches den unpartheyischen L[es]ern seiner Schriften zur Gnüge bekannt ist. [So] nannte er dann den oftgedachten Hamelm[ann] zur Beschimpfung Criander, und frohlockte, [daß] seine Unwissenheit, Thorheit und Unverschä[mt]heit, die er in der Antwort auf Pezelii W[orte] de blicken lassen, durch die Studenten-Missi[ve] tref[fend] treflich gestriegelt, ja derselbe mit solchen lebendigen Farben darin abgepinselt wäre uuuu).

So bald Licent. Hamelmanns Oldenburgische Chronic ans Licht kam, welches im vierten Jahr nach seinem Tode geschah xxxx), und Ubbo Emmius eben darüber her war, daß er die dritte Decadem oder zehnten seiner Ostfriesischen Historie in Octav heraus geben wolte, machte er eine Vorrede an den Leser, verkleinerte den Hamelmann aufs höchste, und zeigte verschiedene Historien an (so viel er in Eil aus dem ersten Theil der Oldenburgischen Chronic zusammen raffen können,) die er für fabelhaft und und unwahr hielt, mit dem Beyfügen, daß man daraus erkennen könte, was von dem folgenden

uuuu) *Excitatus in vicinia Criander ex Hamelmannia passim notus &c.* Ubb. Emm. in vit, Mens. Alting. p. 123. 124. Dicitur autem Criander a dictione Græca Κριὸς, Aries dux gregis ovium, & Ἀνήρ, Vir, in Genit. ἀνδρὸς. Hinc & *Pezelius* eum vocat *Monstrum hominis, ex ariete enim & viro compositum nomen gerit.* De Sacramental. Verhof. f. Cœnæ interpret. Dicta patrum p. 5.

xxxx) Vid. Hamelm. Olbenb. Chronic. statim in fronte.

in der ganzen Chronic zu halten wäre v
Graf Johann von Oldenburg, des Nal
der XVI. dem die Beschimpfung seines g
nen Superintendenten höchlich misfiel,
an den Schwieger-Sohn des Hamelm
Gisekenium Order, eine Apologiam
Schutz-Schrift, für seinen verstorbenen S(
ger-Vater aufzusetzen, welche auch im folg
1600ten Jahr gedruckt ward. In solcher
der Verfasser, daß sein Schwäher alle vom
mio angemerckte Sachen theils aus den /
libus patriis, oder alten Oldenburgi
Chroniken theils aus andern alten Scrit

yyyy) *Emm.* Hist. Rer. Frisic. Decad. 3.
Lugduni Batavor., cui volumini præ
est asta Præfatio ad lectorem, scripta p
die Calend. Mart. 1599. Accipe
Ubbonis: *Quam multas nobis fabulas p
storiis vendit Herm. Hamelmannus, non ita
defunctus cujus nomen cum dixi, omnia di
enim satis notus ex vita & scriptis prio
haud aignus; cui sua scribenda, id est,
taminanda & vitianda, commisserit inte
rissimas Comitum Germaniæ Familia, I
dem: Quæ ideo notota hic à me sunt,
his, quid videi autori huic in reliqua n
tione debeatur, Lector, tibi cogitandum
rerem.*

nommen hätte zzzz). Als **Obbonis Emmii** istorie von Ostfriesland nach der Zeit in lio aufgeleget worden, ist oberwehnte Vorrede an den Leser an ihrem vorigen Ort ausgelassen,) nicht wieder hineingesetzet, sondern dem ganzen Werk vorangehänget worden a).

Sonsten aber kann man nicht in Abrede, daß Hamelmann in Ostfriesischen Geschichten, sowol einige alte Begebenheiten, als die Zeiten der **Reformation** betreffend, die Umstände nicht allemahl richtig getroffen habe; mögte solches wol nicht ihm eben, sondern mehr denen beizumessen seyn, die entweder unvollkommene Nachrichten oder nicht genugsam untersuchte Dinge als Wahrheiten ihm communiciret haben. Im übrigen ist sein Fleis lobsam, den Er in Auffuchung alter und (zu

Gisekenii Apologia pro Herm. Hamelm. S. Th. Lic. eiusque Chronico Oldenburgico, ad mandatum Illustr. & Generosi Comitis Domini D. Iohannis, Com. in Oldenburg. &c. adverf. calumnias Ubbonis Emmii, edit. Lemgov. Ao. 1600.

Vid. Præfat. Hist. Rer. Fris. *Ubb. Emmii* præmissam

seinen Zeiten) neuer Geschichte angewandt l
Allein genug von Hamelmann. Wir
wieder zu unserer vorigen Geschichts-Erzehlu

§. 50.

Graf Simon von der Lippe, als
serl. Commissarius, kömmt mit (
Herold in Ostfriesland.

Ehe noch das 1595 Jahr zu Ende lief, e
in Embden Graf Simon von der
pe, Kayserlicher Commissarius, mit eine
geordneten Herold, und zwar den 19ten D
ber, welcher von Kayserl. Majestät verc
und abgeschickt war, nicht allein in dieser
Co

b) e. g. de Foccone Ukenio & Occc
Brocmerianis. *Hamelm.* Oldenb. Ch
Th. p. 186—188. it. de Comitat
ental. Phrisiæ in Geneal. Illustr. p.
de Fabiano, primo Reformatore p
Orient- Eiusd. Hist. Ren. Evang. in
Orient. p. 827.

c) Qui plura de Hamelm. scire desider:
gat vitam eius, concinnatam ab *Ern.*
Waſſerbach, Operib. Hamelm. Gen
Historic. præmissa edit. Lemgov 17.

ommission die Ostfriesischen Sachen zwischen
aupt und Glieder zu untersuchen, sondern auch
r ernstliche Mandata de vitandis offensio-
bus, & pace ac quiete servanda, ex spec-
ndaque Cæsaris definitiva sententia, beider-
ts insinuiren zu lassen d). Die Veranlassung
dieser neuen Commission war zuförderst, daß
n Kayserlichen Hofe es nicht wol genommen,
dern etwas als präjudicirliches geachtet ward,
ß man die General-Staaten zu dem Ver-
ich zwischen den Herrn Grafen Edzard und
nen Unterthanen als Mittler gebrauchet, auch
en die Handhabung solches Vergleichs auftragen hatte; weshalben Kayserlicher Majestät
deuchte, als Ober- und Lehn-Herrn der Grafschaft Ostfrießland, die Schlichtungen ihrer
reitigkeiten selbst verrichten zu lassen e): Nechst-
auch, daß die Sachen in Ostfrießland so be-
ssen waren, daß durch den Delfsielischen
rrag die Gemüther noch gar nicht in Ruhe
tzet waren; sondern weil der Herr Graf sich
h beständig an dem Kayserlichen Provisional-
ret hielte, und darnach sein Regiment ein-
tete, führten hingegen die Unterthanen aller-
K 4 hand

) *Wicht'Annal.* p. 277. *B. Elsen.* Denkwürd.
Begebenheit p. 14. Apol. Embd. p. 121.
) Kayserl. Resolut. in Ao. 1597. §. 24. Acc.
Buch p. 152-154.

hand Klagen f): Endlich, ob schon durch
Delfsielischen Vertrag die Stadt Embden e-
ten was sie gewolt, daß dennoch die übrigen S-
de des Landes nicht befriediget waren, so
noch ihre Beschwerungen führeten g). W-
hochgedachter Kayserlicher Commissarius zu-
den angekommen war, ließ Se. Gnaden
den Cantzler **Westerholt,** Ericum Liml-
Albertum Pauli, als seine Räthe, dem
gen auf der Klunderburg zu Embden vortr-
wie daß er mit der Stadt verglichen wär-
viel aber die Ritterschaft anginge, deren
chen hingen vor Kayserlicher Majestät und
Cammergericht zur rechtlichen Decission, w-
Er abwarten; so aber sonsten zwischen den
dern Unterthanen noch einiges Misverstän-
vorschwebete, wolte er dieselbe mit ihnen in
abthun h). Es ward hierauf in Embden
Landtag gehalten, da dann die Unterthanen
Gravamina und Klag-Puncten einbrachte-
Auf Gräflicher Seite hielt man den Herrn
fen von der Lippe partheiisch, und man wolte
nich-

f) *Emm.* Hist. Nostr. Temp. p. 26.
g) Emm. in vit. Mens. Alting. p. 154. A
 Embd. p. 119-121.
h) Apol. l. c.
i) Ibid. p. 121——126.

ht zu weit einlassen k). Es ging dieser Herr
raf sehr viel mit **Mensone Alting** um, welcher auch den 2 Februar des 1596ten Jahres
e Supplication übergab, und darin unterthä-
ſt bat um Communication der Klag-Puncten,
Sr. Gnaden Graf **Edzard** bey dieser Com-
ſion wider ihn ſollte haben überreichen laſſen.
n wolte zwar hochgedachter **Commiſſarius**
etenermaſſen keine Abſchrift ertheilen, jedoch
er ihm durch **Joachimum Buxtorff** D.,
ſchriftliches Zeugniß ſeiner angebotenen Ver-
wortung mit dem Verheiſſen, **Menſonis**
plication ad Protocolla & acta Commiſſi-
; mit zu bringen, und künftiger Relation in-
en zu laſſen l). Endlich ward den 3 Febr.
Receſſ publiciret, worin dem Grafen injun-
ward, niemand ſeiner Unterthanen wegen

K 5 der

) B. *Elſenii* Denkw. Begebenh. p. 14. Apol.
Embd. p. 138. 151.

Emm. in vit. M. A. p. 154. 155. Conf.
Zeugnis des Wolgeb. Graf. von der Lippe,
daß Menſo Alting ſich zur Verandtwortung erboten habe. Apol. Embd. Beyl. p.
80. 81. Vid. etiam des Herrn Gr. Edzards Vorſtellungen an den Kayſ. Commiſ-
ſarium Ao. 1595 den 29 Decembr. und
1596 ben 8 Ian. übergeben Oſtfr. Hiſt. und
Lands-Verf. Tom. II, lib. I. N. 13. p. 71-79.
& N. 15. p. 93.

der vorgefallenen Mißhelligkeiten an Leib un[d]
ben, noch an Haab und Gut, zu beleidigen
beschweren, sondern alles zu Kayserl. Ma[j]
Erörterung und Ausspruch hingestellet seyn
sen m). Doch ward auch das Kayserliche
Datum bey dieser Commission von dem H[]
publiciret, worin die Stadt Embden, und di[e]
der Ritterschaft nebst den übrigen Untert[h]
mit Ernst vermahnet wurden, dem Grafe[n]
ihrem Herrn zu gehorsamen, keine Neuerun[g]
zurichten, keine verdächtige Conventicula [z]
einen Ausschuß zu halten, die Waffen abzul[]
und alles zu thun, was friedsamen Unterth[]
gebühret. Solches alles ward anbefohlen
pœna banni und bey Verlust eines jeglichen
und Gut n). Nachdem nun hochgedachter [Kay]
serl. **Commissarius** über sechs Wochen zu E[mb]
den sich aufgehalten, ist er mit dem Herold
der abgereiset. Diese Commission hat an
25000 Rthlr. gekostet o). Der Herr [Graf]
von Ostfrießland ließ nachmahls das Kay[serli]
che **Mandatum** den 15 Febr. in ganz Ost[fries]
land publiciren p).

§. 51

m) Apol. Embd. p. 127. 128. *Emm.* Hist.
Temp. p. 26.
n) B. Elsenii Denkw. Begebenh. p. 14, 1[]
o) *Wicht* p. 277. B. Elsenii D. B. p.
p) Elsen. p. 15.

§. 51.

Joh. Ligarii Lebensbeschreibung.

Gleich mit dem angefangenen 1596ten Jahr, und zwar den 21 Januar, starb zu Nor[den] Johannes Ligarius, dessen wir in den vo[rig]en Geschichten öfters gedacht haben. Er war [ein] Mann, der in Theologischen und andern [W]issenschaften sehr wol erfahren war q). Sein [gu]ter Verstand, seine herrliche Gaben im Pre[dig]en, seine Bescheidenheit im Umgang waren [s]onderlings werth gerühmet zu werden r). Selb[st nicht] seine Feinde, wenn sie unter ihren gelehrten [W]idersachern einen Vergleich anstellen wolten, [gabe]n ihm den Vorzug s). Von denen Ostfriesischen

) *Bernh. Elsenii* Denkwürd. Begebenh. p. 15.
r) *Wicht* p. 245.
) Sic *Ubbo Emmius*, qui Ligarium odio plus quam Vatiniano profecutus, de successore ejus Godfrido Hesshusio scribit: *Odio ille in Orthodoxos (i. e. Reformatos) & nocendi studio Ligario par, sed ingenio & arte impar.* in vita Menf. Alt. p. 89. Idem iste L. Hamelmannum cum Ligario comparaturus: *Ligarius, inquit, ingenio & doctrina major Criandro, & rerum patriæ peritior.* in vit. M. A. p. 124. Quæ verba non in contemptum

Heß-

fischen Geschichten, die von der Reformat-
zeit her in Kirchen-Sachen sich zugetragen,
te er gute Nachricht, maßen er ein gebo
Ostfriese, nahe bey Nesse gebürtig, der viel
den Aeltern gehöret, viel selbsten erfahren,
sich um solche Sachen zu erforschen fleißig
mühet hatte t). In Vertheidigung der Au
Confession und Lehre Lutheri war er scharf-
tig, und beständig, weshalben er auch viel
Lust und Trübsal erlitten, viel Schmach
Hohn erduldet, viel seltsame Veränderungen
gestanden, wobey er doch allezeit standhaft
unveränderlich geblieben u).

In seiner Jugend, nachdem er seine S
dia Academica geendiget, begab er sich A
1556 nach Hage, allhier im Berumer Amt
legen, und hielt sich allda bey M. Marti
Fabro, Pastore daselbsten, eine zeitlang
um aus dessen gottseliger und gelehrter Conser
tion sich zu erbauen. Er ward aber bald
auf nach Uphusen berufen, welches zu der
lutherisch war, und ward an solchem Ort
from

Heßhusii aut Hamelmanni, quin potius
laudem Ligarii ostendam, ex ore adver
profectam, hic annotare lubuit.
t) *Emm.* in vit. M. A. p. 124. 125.
u) B. *Elseminii* Denckw. Begebenh. p. 15.

mmen Pastoris Gerhardi Müllers Colₐ x). Von dort ward er Anno 1559 nach
orden vociret, woselbst er 5 Jahr gestanden,
d nebst seinem Collegen Francisco Alardo
 Evangelischen Lehre wegen endlich vertrieben
rden. Der Junker von Howerda zu Up-
en hat ihn wieder aufgenommen und in Wolt-
en predigen lassen y).

Anno 1566 verlangten ihn die Augspurg.
fessions-Verwandten zu Antorf (oder Ant-
pen), und er reisete mit gutem Willen seines
nkern dahin, der Gemeine daselbst, welche die
: Religions-Uebung erhalten hatte, mit Amts-
sten an die Hand zu gehen. Es daurete aber
ein halb Jahr z); sintemahl er im Herbst
n ging, des folgenden Jahres aber auf ei-
Vergleich, den die Stadt mit der Regentin
die Niederlanden machte, nemlich mit der
Margareta von Parma, beides den Lu-
the-

Gegengericht der Rechtgl. Prädicanten in
Ostfrießlandt lit. F. 8.
Ibid. it. Norder abgenöthigte Antw. wider
den Lügburg. Bericht p. 73. seqq. & in Se-
rie Pastor. Nordaner. p. 201. 202. Wicht
p. 244. 246
Gegenbericht der Rechtgl. Prädic. lit. F.
9. 10.

theranern und Reformirten den 8 April auf
Stadt-Haus anbefohlen ward, allen Gottes-
wieder einzustellen, ihren Predigern aber sich
weg zubegeben. Also zog er mit andern P
gern und vielen Bürgern den 10 April von
nen aa). Wie er wieder nach Hause kam,
te Graf Johann von Ostfrießland ihm
Land verbieten, weil seine Verläumder von ihm
gestreuet hätten, daß er den Reformirten zu
werpen viel Unlust gemachet, und dadurch
ursachet hätte, daß sie aus der Stadt wan
müssen. Nachdem aber Ligarius dem H
Grafen sein gut Gezeugniß von dem Prinzen
Oranien und der Stadt Antwerpen vorwe
lassen, hat hochgedachter Herr Graf sich ei
andern bedacht, und ihm durch M. Martini
Fabrum lassen andeuten, es wäre nur ein M
verständniß gewesen bb).

Anno 1568 that er als Feld-Prediger
ter den Prinzen Wilhelm von Oranien
Grafen von Kühlenburg einen Feldzug
die Maaß in Frankreich, kehrte aber Anno 1
wiederum in seine Heymath, weil ihm dieses
ben zu unruhig war cc). Er erhielt bald d
au

aa) Meterani Niederl. Hist. 2 Buch. p. 100.

bb) Gegenb. der Rechtgl. Prädic. lit. F. 10.
cc) Ibid.

unter der Gräflichen Regierung. 159

uf einen vacanten Prediger-Dienst in Nesse,
velchen er einige Jahre mit gutem Ruhm ver-
valtet hat dd). Dannenhero auch Sr. Gna-
n Edzardus II. regierender Herr in Ostfrieß-
nd, ein gnädiges Auge auf ihn warf, und ihn
o. 1577 zu seinem Hofprediger annahm ee).
ı Hofe war er in grossem Ansehen, welches
ı auch nicht geringe Mißgunst erweckte ff).
Zas zu seiner Zeit der Herr Graf in Religions-
achen vornam, das ward alles ihm beigemes-
, und er muste der Angeber heissen, ohngeach-
sowol vor als nach seiner Zeit des Hofpredi-
-Amts der Herr Graf allewege gesuchet, die
re der ungeänderten Augsp. Confession zu be-
dern. gg). Endlich nam er auch vom Hofe
en Abschied, aus was vor Ursachen, ist nicht
ntlich bekannt hh), und lebete eine zeitlang

ohne

) Ibid. F. 11. Emm. in vit. M. Alt. p. 49.
) Gegenbericht lit. F. 11. Embdisch. Bericht
von der Evang. Reform. p. 27. 273. Emm.
in vit. M. Alt. p. 50.
Hinc Emmius ex nutu Ligarij Comitem
omnia fecisse autumat in vit. Menī. p. 56
& alii passim.
) Id. ibid.
) Gegenbericht der Rechtgl. Prädicanten lit
D. 6.

ohne Dienst zu Norden. ii). Einige Zeit [
ward er zu Worden in Holland Prediger
Gemeine Augsp. Confession, indem er abe[
den Zwinglianismus predigte, erweckte
der sich einen großen Haß und Nachstellun[
durch es endlich so weit gebracht ward, [
Anno.1591. Den 26 September den Ort [
muste kk).

Als er wieder in Ostfriesland kam,
die in Embden wohnende Lutheraner, die
Gottesdienst auf der neuen Müntze hatten
als ihren Prediger an ll). Da aber die
der Ao. 1595 im Martio wider den Herr[
fen Edzard sich auflehnten, den Magist[
setzten, und andere harte Dinge vornamen,
auch der Gottesdienst auf der neuen Münt[
störet, und Ligarius muste aus der Stad
chen mm). Er wandte sich hin nach N[
und hat daselbst, wie droben gemeldet, im
fang dieses 1596ten Jahres sein Leben selig
det. Bernhardus Elsenius, [

ii) Embd. Bericht p. 414.
kk) Ibid. p. 433——451.
ll) B. Elsenii Denkw. Begeb. p. 15.
mm) Em m. in vit. M. A. p. 153.

imarius zu Norden, hielt ihm da er begraben
ird, die Leichpredigt, über die Worte Danielis
ip. XII. v. 3. Die Lehrer werden leuch-
t ꝛc. und iſt er unter chriſtlichem Leichgepräng
 dem Chor beerdiget nn). Drey Jahr her-
h hat ſein Sohn M. Folckerus, dazumahl
ſtor zur Borch auf Femern, eine Apologiam
Roſtock im Druck heraus gegeben, darin er
en Vater wider einige Nachreden ſeiner Wider-
tigen vertheidiget hat oo).

§. 52.

Verſchiedenes Inhalts.

er Frühling dieſes 1596ten Jahres war
überaus angenehm und von wundernsw-
iger Lieblichkeit, ſo daß bey Menſchen-Den-
ergleichen ſchöner Frühling nicht geweſen.
März hatte lauter anmuthige und fruchtbare
. Im Anfang des Aprils ward ſchon das
Vieh

Elſen. l. c.
Norder Anbtwort. p. 81. M. Folche-
rii Ligarii Kurze Anleitung recht zu ur-
theilen, mit was Warheit das Embder-Buch
Ao. 94. zu Bremen gedruckt, Hr. Iohan-
nem Ligarium verleumdet habe. Roſt. 99.

Vieh hinaus ins Gras getrieben. Auch sahe man in diesem Monat die Bäume blühen und ausblühen, die Aecker voll anwachsender Frucht stehen. Und im Anbeginn des Maymonats blühete schon der Rocken pp).

In diesen Frühlings-Tagen, und zwar den 21 Martii, ward im Flecken Wehner von der Canzel ein Hochgräfliches Mandatum publiciret, worin denen Unterthanen anbefohlen ward ein neues Torf- und Knecht-Geld aufzubringen, massen die Knechte oder Soldaten wider die streifende Rotten gehalten werden müsten. Die gesamte Unterthanen des Amthauses Leer-Ort vermochten Hector Friedrich J. U. D. damahligen Syndicum des dritten Standes, dahin, daß er an seiner Ey. den Herrn Grafen, so eben dazumahl auf dem Hause Leer-Ort mit seinem Hoflager sich aufhielt, in ihrer aller Nahmen durch 2 Notarien Jacob Adriani und Albert Severini eine unterthänigste Supplication überreichen ließ, worin gesamte Unterthanen baten, mit dieser Neuerung verschonet zu bleiben, und daß es bey dem gewöhnlichen Wacht-Geld möchte gelassen werden, widrigesfalls sie dawider höchstfeyerlich protestirten, und von solchem Befehl ad Cæsaream Majestatem appellireten. Seiner

Gna-

pp) Wicht p. 277. 278. B. Elsen. Denkwürd. Begebenh. p. 16.

naden aber ließ beide Notarios beym Kopf neh-
en und in verschiedene Gefängniße werffen. Ja-
bus, Adriani, als Notarius principaliter re-
litus, ward härter tractiret als der andere, so
r Gezeuge war, und ward an einem übeln
't gesetzet, und bey nächtlicher Zeit in Eisen ge-
ossen. Albertus Severini ward nach vielem Sup-
iren endlich den 7 May wieder losgelassen,
h)dem er fünftehalb Wochen gefangen gewesen.
cobus aber saß noch bis Martini, da er end-
seine Gelegenheit ersehen, und heimlich aus-
rochen. Der Soldaten einer, welcher ihm
aß gegeben zu entfliehen und mit fortgeholfen
e, ward wieder an seine Stelle gesetzet, zum
e verurtheilet, und also hingerichtet, daß ihm
die beiden Finger abgehauen, hernach der
f abgeschlagen, und darauf der Leichnam ge-
)eilt worden. Die Viertheil wurden andern
Schreck aufgehänget qq).

§. 53.

Apol. Embd. p. 128-134. Emm. Hist. N.
r. p. 26 27.

§. 53.

Die Ostfriesischen Stände schicken Abgeordnete an den Kayser wege noch vorschwebenden Gravaminum. Herr Graf thut dasselbe.

Um Pfingsten schickten die Ostfriesischen (
de an Sr. Kays. Majest. zu Prag ih)
geordnete Juncker Wilhelm von Kniepha
Peter de Fischer Bürgermeister in Emden
Casper Müllerum die Abschaffung der vorsch(n
den Gravaminum anzuhalten. Denn nac
der Kayserl. Commissarius, Graf Simon vo(n
Lippe, die hohe Order gehabt, alle Ostfrie(
Schwierigkeiten zu untersuchen, und davon
völlige Relation abzustatten, stellte man nu(
Sachen zur Erkenntniß Sr. Kayserl. Maj(
Vorgemeldete Gefangennehmung der Nota
war Oel ins Feuer, und vermehrte die Besc(
rungen: wiewol im Gegentheil der Herr (
den Einhalt der Supplication also anges(
daß er vermeinte grosse Ursache zu haben al(
prociren.

Wider die Gesandtschaft der Stände sc(
te Sr. Gnaden Graf Edzard einen seiner
the Ericum Limburg I. U. D. nach Prag,

sein Bestes zu thun, und die gegentheilige Be-
werungen zu nichte zu machen. Er brachte
:: Gegenwärtige Abgeordnete wären nicht von
atlichen Ständen, sondern nur von einigen
wenigen Aufwieglern und Rebellen ausge-
chet, zumahlen der Herr Graf eine grosse
nge seiner Unterthanen und deren schriftlich
eugniß aufbringen könnte, die mit dieser Ge-
)schaft und geführten Klagen über ihn nicht
ieden wären, auch keine Beystimmung dazu
ben hätten; ferner so wäre es unrecht, in
lesiasticis Sr. Gn. dasjenige streitig zu
hen, was alle Herren und Potentaten Deut-
Nation unstreitig hätten, und seiner Hoheit
wolhergebrachter Possession zuständig wäre;
n des Hofgerichts einige Klage zu führen,
n die Abgeschickte gar keine Ursache, wie
solches genugsam zu behaupten gedächte.
iel aber den **Delfsielischen Vertrag** an-
e, zeigte Rath Limburg an, wie derselbige
Gewalt und Furcht abgedrungen, auch mit
chalt Kayserl. Majestät, des heil. Römi-
Reichs, und Sr. Gnaden Hoheit, Iuris-
und Gerechtigkeit aufgerichtet wäre; Da-
lten Sr. Gn. denselbigen der Kayserl. Cen-
erworfen, und was dero Gutbefinden wäre,
igen sich submittiret haben. Gegenpart be-
daß an der Cassirung dieses Vergleichs
frig gearbeitet worden. Beyde Parteyen
la-

lagen an die anderthalb Jahr zu Prag, un
ten ihr Bestes gegen einander rr).

Mittlerweile Junker **Wilhelm von
und Kniephausen,** Herr zu **Lützburg,** wi
sich aufhielt, gingen seine Bediente aus Lu
zuweilen aus zu jagen. Der Herr Gra
diesem Edelmann sonderlich feind war, r
vor Zeiten seines Herrn Bruders **Johann**
tey gehalten, und nachmahls eine geraum
her wider Er. Gn. die Freyheit des Va
des zu vertheidigen sich angelegen seyn lasset
Befehl auf die Lützburger Acht zu haben.
sie nun in der Ostermarsch zu einer Zeit
gingen zu jagen, machten sich die Gräfl.
daten aus Berum auf, fielen sie an, und
Feuer, da dann der Koch **Johann** erschoss
nige andere aber verwundet worden ss).

§

rr) Apol. Embd. p. 134-155. Wicht.
p. 278. Emm. Hist. Nostr. Temp. 2
Id. in vit. M. Alt. p. 155. Everhar
Reyd Nederlantsch. Oorlogh. lib.
505.

ss) Wicht l.c.

§. 54.

inige Eingeseſſene im Leerer-Amt werden
fänglich eingezogen. In den Oſtfrieſi-
)en Streitigkeiten ergehet eine Kayſerl.
Reſolution.

eiter ließ der Herr Graf zween wolgeſeſſene
Männer im Leerer-Amt, **Hero Uncken**
o **Johann Aldrichs**, gefänglich einziehen,
o ihnen ein Theil Viehes abnehmen, auch ih-
und anden Emphyteutis ihr Land einziehen,
il ſie ſich geweigert hatten, eine Erklärung zu
n, als der Herr Graf einige Notarios herum
cfte, und die Leute befragen ließ; ob ſie den
icker von Kniephauſen, und die andern Abge-
n te mit zu ſolcher Reiſe bevollmächtiget, oder
n Willen zur Geſandſchaft mit gegeben hät-
! Dieſes alles ward nach Prag von beiden
iten hingeſchrieben, und den Klagen und Ver-
vortungen einverleibet. Es war der 19te
n des 1597 Jahres, als ſie geſetzet wurden,
ich aber wurden, ſie auf öftere Vorbitte und
llter Bürgſchaft den 24 Junii nach fünfwö
er Gefängniß wieder losgelaſſen tt).

L 4 Letzlich

Apol. Embd. p. 155. 156.

Letzlich nachdem in dem Reichs-Hofra[t]
Handlungen und Gegenhandlungen unter[sucht]
und die Sachen zum Ausspruch reif gewe[sen]
ist endlich eine Sententia definitiva und [Kayserl.]
Resolution eröfnet, und den 13 October
novi zu Prag publiciret worden, welche die
friesischen Stände sehr erfreuet hat, w[ei]-
len darin das Hofgericht befestiget, und d[a]-
ein oder anders geordnet; Das Collecten-
oder Einsammlung der Steuer also einger[ichtet]
daß keine Schatzung oder Steuer ohne Be[willi]-
gung der Stände angeleget, auch die E[hr]-
Güter von dem Anschlag nicht ausgenom[men]
werden sollten; Die neue Imposten, Zoll,
Licenten abgeschaffet; und andere ihnen be[liebt]-
liche Dinge verordnet worden. So viel
Delffsilischen Vertrag anbelanget, so ward
Kayserl. Majestät der Nahme cassiret, weil
Kayser den Staaten nicht zustehen wolte, d[aß sie]
in Ostfriesischen Sachen sich einmischeten, [dero]
halben auch beiden Parteyen anbefohlen w[urde]
sich deren Manutenentz und Handhabung [zu]
zu bedienen. Die Contenta aber und darin[n ent]-
haltene Dinge wurden confirmiret, und sol[len]
künftighin als eine Kayserl. Resolution und [Ver]-
ordnung angesehen seyn uu).

uu) Kayserl. Resolution de Ao. 1597. im Ac[ten]
Buch p. 139-171. Ostfries. Hist. und Lan[d]

Als nun die Abgeordnete der Stände etwa
Martini wieder heimkamen, wurden sie mit
…uden empfangen, die mitgebrachte Kayserli-
… Resolution zum Druck befördert, und nach-
…hls unter Losbrennung des groben Geschützes
…ntlich zu Embden vom Rathhause abgele-
xx). Der Rath Limburg aber hatte mit
…r Gesandtschaft wenig Dank verdienet, und
…l derselbe von Sr. Gn. bey einem Abendessen
harten Worten begegnet ward, machte er
in folgender Nacht heimlich davon, nam aber
…e Acten und Briefe mit sich, zum Unterpfand
…r restirenden Besoldung yy).

§. 55.

Prediger in Embden schreiben wider Aegidium Hunnium; nebst Nachricht einer Pest und Wasserflut.

…diesem 1597ten Jahr kam eine Schrift
…ans Licht, unter dem Nahmen der Prediger
B 5 des

W. Toml. II. lib. I. N. 14. p. 79. seqq.
Emm. Hist. N. Temp. p. 28. 29. Id. in
vita M. Alting. p. 156.
Wicht p. 278.
Apol. Embd. p. 163. 164. Emm. Hist.
Nostri Temp. p. 29. Id. in vita M. Alting.
p. 156.

des Göttlichen Wortes in Emden, betitelt: E
liche Erinnerung von der vermeinten
derlegung D. Aegidii Humü, wide
Embder Bekenntniß, so vor etlichen
ren heraus gegangen zz). Der eige
Autor war Menso Alting, welcher, na
vor etwa zweyen Jahren Aegidius Hu
S. S. Th. D., Professor und Superinte
Wittenberg wider den Historischen B
der Embder vom Streit des heil. Abendn
so Ao. 1590 zu Bremen gedruckt war,
schriftliche Widerlegung herausgegeben
die Feder ergriffen, und diese Erinnerung
setzet hatte. Sie war auf D. Pezelii
then zu Zerbst gedruckt worden aaa).

zz) Der Prediger Göttl. Worts zu E
Christliche Erinnerung von der
ständigen, unwarhafften, vermeinten
berlegung, so wider ihre reine :c. B
niß von des Herrn Abendmahl Aegidius
nius dieser Zeit Doctor &c. nun zum a
mahl ausgelassen. Gebr. Zerbst MDX
aaa) Emm. in vita Mens. Alt. p. 156. 157.
contra Embdanos scripti Titulus est:
ständige Widerlegung des unn
haften Berichts von dem S
des heil. Abendmahls :c. durch
Hunnium S. S. Th. Doct. und Prof zu
tenberg Ao. MDXCV.

Im übrigen so war dieses Jahr für Ost-
esland sehr unglücklich, sintemahl Uneinigkeit,
estilenz, und Einbruch des Wassers darin das
nd gleichsam bestürmten. Die Pest fing früh
 Sommer an, und rafte in Aurich, Norden,
d Eniden manchen Menschen dahin. Den
. August ward im ganzen Ostfrießland ein
etfest angestellet, welches ganzer drey Tage
uerte, worin Gott um Milderung und Ab-
ndung seiner Strafen angerufen ward. Zu
orden ging im September-Monat kein Tag
l, da nicht 30 Leichen begraben wurden. Den
dieses Monats waren 52 Leichen. Und sind
m 18. Julii bis den 3. December unter dem
rder Glockenschlag über 3300 Menschen ge-
rben. Doch traf es meistens die Ju-
d. Die Anzahl derer, die zu Embden und
rich gestorben, soll auch (jedoch nach Propor-
 jedes Ortes) nicht geringe gewesen seyn bbb).
Hiezu kam die heftige Wasserfluth, welche
n die Lamberts-Fluth nennet. Es stieg
nlich den 15 Septr ein heftiger Wind-Sturm
, daß fast die Erde bebte, und hin und wie-
die Bäume aus der Erde gerissen wurden.
s salze Wasser, das durch den Wind in
ruhe gesetzet war, brach durch, und riß Däm-
me

) Wichts Annal. p. 278. B. Elsebil Denckw.
Begebenheiten p. 17.

me und Deiche weg, so daß sie dem G
gleich wurden. Die Früchte auf dem
wurden weggespület, und das Gras durc
Schärfe und Salzigkeit des Wassers ver
und zernichtet. Man wuste nicht, wo ma
dem Vieh hin sollte, weil Ostfrießland hin
wieder unter Wasser stund. Die Fische n
in den süßen Wassern waren, wurden durc
salze Wasser getödtet. Die Wintersaat ert
wo die Fluth hinkam. In der Stadt Em
war das Gewässer zween Fuß höher, als es
1570 in der Allerheiligen Fluth gewesen
Und weil die Pestilenz in Embden sehr ha
schwemmeten viel Leichen, die man noch
begraben hatte, mit ihren Betten im W
herum. Der Sturm continuirte einige
that überall grossen Schaden und durchstrich g
Deutschland ccc).

§. 56.
Des Herrn Grafen Misbehagen an Kayserlichen Resolution.

Vorerwehnte Kayserliche Resolution
hatte das ganze Gräfliche Haus in
druß

ccc) Wicht. Elsen. l. c. Ravinga Ostfriesi
Chronic p. 107.

uß und Unluſt geſetzet, ſogar daß der Herr Graf
if die Entſchlieſſung fiel, woferne die Kayſerli-
e Majeſtät ſeine Gräfliche Hoheit und Gerechtig-
t nicht ſchützen, noch wider ſeine Unterthanen
n Hülffe leiſten wollte, Sr. Gnaden alsdann
) ſämtlichen Chur- und Fürſten ſich beklagen,
) andere Mittel zur Hand nehmen wolte, die
t und Gelegenheit an die Hand geben wür-
ddd). Denn Sr. Gnaden hielten gäntz-
dafür, daß Parteylichkeit und Geſchencke
he ausgewircket hätten eee). Daher auch,
die Oſtfrieſiſchen Stände im Ausgang des
)res durch einige Abgeordnete dem Herrn
ſen die Erklärung thun ließen, daß ſie nach
Inhalt der ergangenen Kayſerlichen Reſolu-
pariren, und gegen Sr. Gn. als gehorſa-
nd getreue Unterthanen ſich jederzeit erweiſen,
anbey

Apol. Embd. p. 160. 161. Emm. Hiſt.
Noſtr. Temp. p. 29.

Apol. Embd. p. 160. 165. Cauſam Reſolu-
tionis Cæſareæ hanc reddit *Thomas Frantzius*, Cancellarius: *Credibile eſt, Imperatorem
ejusque Conſiliarios ſapientiſſimos ad vires totius
Provinciæ tum temporis reſpexiſſe; et quia illas
ex parte Comitis imbecillores cenſuerunt, ideo
hanc Confirmationem* (Tractatus Delffzyliani)
feciſſe in Noctibus Pragenſib. Mſpt. p. 39.
40.

anbey aber hoffen wolten, Sr. Gnaden n
in Geist- und Weltlichen Dingen alle bi‹
Beschwerungen abschaffen, ihnen den 1⁊
cember zu Leer die Antwort geworden:
Kayserl. Mandat wolten Sr. G. unterthä¡
Gehorsam leisten; verhoften aber nicht, d
Kayserl. Majestät Jhro Gnaden habendes
und Hoheit mehr abschneiden würden al
dern Fürsten und Herren des Reichs fff)·
mittelst wirckte Graf Enno, der seiner ʋo
den Heyrath halber in Holstein sich au⸱
bey dem Hertzog von Holstein dieses aus⸱
alle Commercien und Handlung mit Er
und dem gantzen Ostfrießland denen Holst‹
durch öffentlich angeschlagene Mandaten ʋ
ten ward ggg).

§. 57.

**Allerhand Klagen sowol der Herrs‹
als der Landstände auf öffentlichem L**
Tage.

Jndem die Sachen nun in Ostfrießland
lagen, und Graf Edzard an der Ka⸱
Resolution, in soweit sie Seiner Hoheit f

fff) Apol. Embd. p. 162. 163.
ggg) Ibid. p. 166. 167. Wicht p. 268.

wider zu seyn, sich nicht kehrete, sondern in
der bisherigen Regierungs-Art fort fuhr, ward
. 1598 den 2 Martii zu Leer ein Landtag ge-
ten, auf welchem sich Juncker Wilhelm von
liephausen und Peter Fischer der Bürger-
ister über die Nachreden, so ihnen wegen der
ichteten Legation durch die Gräfliche Bediente
ande gemachet worden, beschwerten. Der Canz-
Westerholt proponirte: daß Sr. Gn. sich be-
ten, daß seine Unterthanen von einigen unru-
n Leuten sich verführen und ohne Ursach zu
n großen Schaden abwendig machen liessen;
wäre ja besser, daß sie sich mit Seiner Gn.
öhnten, und wann sie Geld übrig hätten, sol-
an die zerbrochenen Deiche wendeten, als
sie zu ihren Verderben dasselbige an einer
ulsamen Rechtsfürderung legten; anbey ver-
te er, daß Sr. Gn. nicht ermangelten; der
serl. Resolution zu gehorsamen; Die Collec-
und Einnehmer der Schatzungen aber führten
nicht billig auf, und Bürgerm. und Rath
Stadt Embden weigerten Sr. Gn. wider
Recht und Billigkeit, wider die Kayserliche
lution, wider ihren am 7 Jan. am Tage der
irmation geleisteten Eid, auch wider langen
auch und Possession, seine Accisen, Zölle
Imposten, worüber Sr. Gn. sich billig zu
be-

beklagen hätte; Noch jüngstens (im ab‍
nen Febr.) hätten sie in Embden den P‍
Ritzium Lucä ohne Sr. Gn. Bewillig‍
ciret und angenommen, welches ein Ei‍
das jus patronatus wäre, und gedächten ‍
ihn deswegen nicht zu dulden. Unter ‍
und vielen andern Beschwerungen, welche ‍
und Glieder gegen einander führeten, w‍
Land-Tags-Versammlung geendiget, u‍
derselbigen mehr eine Verbitterung als ‍
söhnung befestiget. Die Stände bes‍
D. Hector Friedrich von Wich‍t
neue in dem ihm aufgetragenen Syndica‍
wehlten auch einige aus ihren Mitteln, ‍
che die Rechenschaft der Capital-Schatz‍
Embden als in den eigentlichen Ort des ‍
rii (wiewol selbiger dem Herrn Grafe‍r
hasset war) einnehmen sollten. Der Herr ‍
Edzard aber, weil er auf diesem Lo‍
nichts ausgerichtet sahe, ließ durch seinen ‍
Herrn Grafen Johann Völker werben ‍
Ostfriesischen Stände hielten dafür, ‍
solches zu ihrer Unterdrückung abzielte: ‍
Gräflichen aber wolten davon nichts ‍
sondern es hatte den Nahmen, daß sie ‍
die Türcken geworben würden hhh).

§.

bhh) Apol. Embd. p. 168-172. Conf. ‍
coll. der Land-Tags-Handlung zu Le‍
Hist. Tom. II. lib. I. N. 16. p. 101

§. 58.

raf Edzard und die Landstände, schi-
'en beyderseits ihre Abgeordnete nach
Prag.

unmehro nahete die Zeit heran, daß beide
Parteyen, sowol Herrschaft als Untertha-
zu Prag erscheinen, paritionem dociren,
anweisen sollten, daß sie der Kayserl. Re-
tion gelebet hätten. Denn so war es von
serl. Majestät verordnet, daß sie innerhalb
onaten nach dato des publicirten Urtheils ent-
r selbst oder durch ihre Bevollmächtigte am
serlichen Hofe bey Strafe 100 Marck lötiges
es sich wieder einfinden sollten, um ihren
kommenen Gehorsam zu erweisen iii). Also
ten die Embder ihren Bürgermeister Peter
ischer den 11 Martii nach Prag mit be-
en Vollmachts-Briefen ad docendam pa-
em, welcher auch zu dem Ende voraus ge-
ward, damit er, was zu folgenden Hand-
n dienlich, bey Zeiten besorgen möchte kkk).

Etwa

Kayserl. Resolution de Ao. 1597. §. 51.
im Accord. Buch p. 166. 167.
Apolog. Embd. p. 172. 173. Wicht Annal. p. 278. 279.

M

Etwa 3 Wochen hernach folgeten ihm den 2ten April D. Hector, Friedrich von Wicht als Syndicus und Anwald der gemeinen Stände, und Caspar Müller Embdischer Secretarius. Gleichfalls sandte der Herr Graf Edzard auch nach Prag Petrum Ficinum Drosten zu Berum, Bernhardum Münsterum Bürgermeister zu Norden, und Johann Ludowicum Brenneisen Secretarium, welche das Gräfliche Interesse daselbst beobachten sollten III). Auf dem Wege namen sie zu Wittenberg mit sich Thomas Franzium D. I., der wegen seiner Gelehrsamkeit, Beredsamkeit, und schlauen Verstandes in jure und rebus politicis in gutem Ruf war. Beiderseits Parteyen brachten ihm

Sa-

III) Dieser Secretarius Ioh. Ludow. Brenneisen so nach der Zeit Gräflicher Rath, Oberrentmeister und Amptmann zu Esens geworden, ist der Stamm-Vater derer Brenneisen, die in Ostfrießs und Harrlinger-Land bisher gelebet haben. Er war gebürtig aus der Churpfalz, und ein Sohn Ludovici Brenneisen Churpfälzischen Burg-Voigts zu Lorbach, auch Schuldtheißen und Kellern des Ampts Eppingen. Iudicium de Secretarario hoc vid. in Franßft getreuem Rath p. 12. 13. Natus fuit Ao. 1571 denatus 1627.

[...]achen zu Prag aufs beste vor, eine geziemen-
Paritionem zu beweisen. Wann aber die
[...]t der Gehorsamleistung nicht gleichmäſſig ge-
[...]utet ward; zu dem sie in ihrer Bitte weit
[...]n einander abstimmten, oder vielmehr ein-
[...]der entgegen waren; endlich sich noch neue
[...]chwierigkeiten ereigneten; so blieben die
[...] geschickte in Prag bis in den Herbst mmm).

§. 59.

[Auf]stand der Boots-Knechte in Embden,
nebst andern Nachrichten.

[Z]ween Tage nach der Abreise des Bürgermeisters
Fischers aus Embden, nemlich den 13 Mar-
[...]achten die Boots-Knechte einen Aufstand in
[...]Stadt wider Bürgerm. und Rath, weil sel-
[...] ihnen eine gewisse Schiffs-Ordnung vorge-
[...]ben hatten, die ihnen nicht gefällig war.
[...]) von den Rädelsführern wurden ergriffen,
[...]estrichen, und der Stadt verwiesen. Eini-
[...]dere wurden auch gefangen genommen, aber
[...]rum frey gelassen nnn).

M 2 Den

) Apolog. Embd. p. 173-186. Emm.
Hist. N. Temp. p. 29-31.
Wickt p. 279. 280. Apol. Embd. p. 188

Den 26ten April kamen die beiden Grafen **Johann** und **Christoph**, auf ihres Herrn Vaters mit Bürgermeist. u[nd] zu reden, nach Embden, man ließ sie a[n] eine Stunde vor der Pforte halten, und endlich eingelaßen wurden, begleitete ma[n] einer gewafneten Manschaft nach der B[urg] selbst ihnen der Ab= und Zugang v[er]ward ooo).

Den 28ten April ließ der Embdisc[he] einen Bürger **Johann Renckens** gena[n]nes Handwercks ein Schreiner, gebür[tig] Gröningen, welcher auf der neuen Münz[stät]te, und vor der Verstörung des Gottes[dienstes] daselbst ein Eltester der Gemeine gewesen, [heim]lich einziehen, weil er in Verdacht fiel, [daß er] einer neuen Auflage halber unter der [Bürger]schaft eine Aufwieglung vorhätte. Auch [wurde] ein anderer mit Nahmen **Johann Gro**[ninger ins] Gefängnis gebracht. Als diese den 3te[n] nach der Inhaftirung, den 1 May, pein[lich] fraget worden, sollen sie bekannt haben, einen Anschlag auf die Stadt gehabt, [zu] dem Ende andere Bürger auf ihre Seite [ziehen] wollen; Sie hätten aber die Anstiftung [dieses] Unternehmens und die ganze Schuld auf

---

ooo) Ostfr. Hist. Tom II. lib. I. N. 119.

n Herrn Grafen Johann und Christopher
werfen gesuchet.

Der Herr Graf Edzard so bald er dieser
ute Einkerckerung vernommen, hat ein ernstli=
es Befehl=Schreiben an den Rath ergehen laſ=
n, daß man sie wieder auf freyen Fuß stellen
llte, allein da war kein Gehör. Den 10 May
ard ein Landtag zu Leer gehalten, da dann un=
andern wegen der Gefängniß und Examina=
n der Verhaften nicht geringer Streitwechſel
ter den Gräflichen und Ständen vorgefallen:
vischen dem Cantzler Westerholt und dem Jun=
Wilhelm von Khiephausen lief die Sache ſo
ch, daß der erste nach dem Degen grif. Auf
n Versammlungs=Platz stellten sich gewafnete
oldaten mit brennenden Lunten. Die Stän=
fandten einen Kayserl. Notarium Heronem
erlacium zu Sr. Gn. des Herrn Grafen,
beschwerten sich schriftlich über die Unsicher=
t des Orts, der Herr Graf aber ließ den No=
um in Verhaft bringen. Und bey so be=
ndten Sachen ging der Landtag unfruchtbar
Die Emder aber hingegen säumten nicht
ihriges zu thun. Sie verfügeten sich mit ge=
neten Bürgern und Soldaten nach der Gräfl.
rg, und namen den Amtmann und Burg=
feit in Verwahrung. Auch hielten sie
für rathsam, unterdeß, daß man auf dem
dtage über die Gefangenhaltung disputirete,

M 3   mit

mit ihren Gefangenen zu eilen. Nachd[em]
peinliche Frage wiederhohlet, und ihr B[ekannt]
niß heraus gefoltert, musten sie beide ihr[e]
sage vor Notarien und Zeugen selbst unter[schrei]
ben, und darauf wurden sie auf dem
Marckt öffentlich enthauptet, des Ren[ken]
Haupt aber vor der alten höltzernen Pfor[te an]
einem Pfahl gestecket, welches geschah den [..]
May, als zu Leer die Landtags-Versam[lung]
in ihrem hitzigsten Anfang war ppp).
Embder fuhren fort, und liessen mehr ge[fangen]
nehmen, unter welchen **Gerryt** (Gerhard)
hanßen, auch aus Gröningen ein Glasem[acher]
den 16 Junii mit dem Schwerdt gerichtet [wurde]
eben an einem Tage, da ein allgemeiner [Bet]
tag im gantzen Lande gefeyert ward, un[d die]
Embder Befehl hatten von Sr. Gnaden d[as Bet]
und Buß-Fest, so 3 Tage nach einander c[onti]
nuiren sollte, mit zu feyren, woran sie sich
nicht kehreten qqq). Die Mitgefangene[n]

ppp) *Everh. v. Reyd* Nederländsch. Oor[log]
lib. 15. p. 566. 567. *Wicht* p.
Apol. Embd. p. 186-190. *Hamelm[an]*
benb. Chron. 3 Th. p. 486. *Me[ursii]*
Niederl. Hist. 9 Buch p. 843. 844.
fries. Hist. Tom. II. lib. 1. N. 1[..]
118. 119.
qqq) *B. Elsenü* Denckwürb. Begebenh. p. 17[..]

:n wieder frey gelassen, weil die Sache ein wei-
ß Aussehen hatte. Einige aber, welche besor-
t waren, daß man sie auch einziehen möchte,
itten sich bei Zeiten hinweg gemachet rrr). Der
Scharfrichter, der diese Execution verrichtet hat,
eß M. Henrich von Geldern, so der erste
achrichter ist, welchen die Embder gehabt ha-
n sss). Bürgermeister waren zu dieser Zeit,
ippo Sicken, Johann Ameling, Arend
Solters, Bartholomeus Hinrichs. Pe-
c Fischer (wie gesagt) war itzt zu Prag, und
:waltete in diesem Jahr das Bürgermeisteramt
ht ttt).

Graf Edzard nam es höchst übel, daß
Embder wider das alte Herkommen, wider
Delffsielischen Vertrag, und wider die Kay-
. Resolution, sich erkühneten, das Schwerdt
Justitz zu ergreifen uuu), daher er nicht al-
ı solches an den Kayser gelangen ließ, sondern
ch seine Soldaten verstärckte xxx). Die
den jungen Herren Grafen funden sich beschwert
r die expressete Aussage der Hingerichteten, und

M 4   be-

r) Apol. Embd. 189.
s) Ooſtfrieſ. Chronykje, geb. in Embm.
) Series Conſul. Embdan.
) Delffſyl. Verbrach §. 20-22. p. 129. 130.
  Rathſ. Reſolution §. 39. p. 161. 162.
) Apol. Embd. p. 192.

betheureten höchlich, daß sie ihnen niemahls Rath noch Anschläge zu einigem Auffstand gegeben yyy), wiewol sie nicht in Abrede waren, daß dieselbe bey ihnen gewesen, und Mittel zu einer Uebrraschung der Stadt vorgeschlagen, auch gemeldet hätten, daß eine große Menge Bürger ihnen anhingen, weil sie mit der jetzigen Reglerungs-Art des Raths nicht zufrieden wären. Wann aber auch in Embden ausgestreuet ward, als hätten der alte Herr Graf und dessen ältester Herr Sohn Graf Enno zu diesen Sachen unter der Hand Commission ertheilet, ward solches zu Hofe und bey allen Gräflichen Bedienten, für eine nie erweisliche Unwarheit ausgeruffen zzz). Im übrigen feyreten die Embder auch nicht, theils den vorgeloffenen Handel nach Jena zu berichten, theils zu ihrer Versicherung mehr Krieges-Knechte sich anzuschaffen aaaa). Graf Edzard flagre auch bey dem Kayser, und erhielt auf die Embder eine Citation auf den Land-Frieden cum mandato de non offendendo, it. relaxando, restituendo & cassando cum clausula den 7ten Junii bbbb).

§. 60.

yyy) Wicht l. c.
zzz) P. Ham bes W. warhafftig Verhael &c. A. iiii.
aaaa) Apol. Embd. p. 192.
bbbb) Ostfr. Hist. Tom. II. lib. 1. N. 17. P. 118-121.

§. 60.

Verſchiedenes Inhalts.

Wir treten aus dem Junio ein wenig wieder zurück in den Maymonat. Den 16ten ieſes Monats entſtand ein großes Ungewitter, oben das Binnenwaſſer vom Regen ſo hoch ſieg, daß man an einigen Orten mit Schiffen über die Wehnen fahren könnte cccc). Den 27 May erhub ſich auf den Pfingſt-Marckt zu Norden ein trauriger Lerm. Juncker Hero von Uetter=wehr, Haitheti Sohn, ein junger Menſch von [..] Jahren, richtete zur Abendzeit auf dem [Ma]rckt einen Tumult an, und da es zu hoch [ka]m, entfloh er in ſeine Herberge, Junckern Lü= [de] Manninga Behauſung. Die Bürger ſo [die] Wache hatten, nebſt andern die mit in dem [Auf]lauf waren, folgeten ergrimmet nach, ſtüſ= ten das Haus, ſchlugen ihn in Gegenwart [ſein]er Mutter, Brüder, und Schweſter zu tode, [und] ſchleppen ihn in ſolcher Raferey von der [Kam]mer auf den Marckt zum Spectackel. [Ver]ndtſchaffene Leute hatten an dieſer Grauſam= [keit] einen Eckel. dddd).

M 5 §. 61.

c) Bn. Oſtfrieſ. Denckw. Begebenh. p. 17.
d) Ibid. it. Wicht p. 279.

§. 61.

Graf Enno hält Beylager mit Princeßinn Anna von Holstein.

Mit der bisherigen Heyraths-Sache zwischen Graf Enno und der Durchl. Princeßinn von Holstein Anna Herzogs Adolphi Tochter war es nunmehro so weit gekommen, daß das Beylager gehalten werden sollte. Zu dem Ende ward die hohe Braut von ihrer Frau Mutter der Herzoginn Christina, Landgrafen Philipp von Hessen Tochter, eine nunmehro 12jährige Wittwe, und von dem Herzogen Johann von Sünderborg, einem Sohn des Königes Christiani III. in Dännemarck, in Ostfrießland gebracht, und hielten sie den 24ten Junii ihren Einzug, welcher prächtig zuging. Hochgedachte Fürstl. Personen saßen in einer gar schönen und und köstlich verguldeten Kutsche. Des folgenden Tages, welcher war das Fest Johannis, ward das Beylager gehalten in Gegenwart der Abgesandten von Polen, Schweden, Dännemarck, und Hessen eee). Den Embdern stund diese Heyrath gar nicht an, dieweil sie viel wi-
dri-

eee) Wicht p. 279. B. *Elsenii* Denckw. Beg. p. 18. *Dav. Fabricii* Ostfr. Chron. *Ravings* Ostfr. Chron. p. 109.

riges für ihre Stadt daher vermuteten; wie
denn auch nachmahls in Holstein aufs neue durch
ernstliche und scharfe Mandaten aller Handel mit
den Embdern verbothen worden ffff). Den 8
Julii reiseten die drey jungen Herrn Grafen aus
dem Lande, und kamen incognito zu Oldenburg,
da sie sich theilten. Graf Christoffer nam
seinen Weg nach Wildeshausen, und sofort ges
gen Cölln und Braband. Graf Johann aber
und Graf Carl Otto gingen nach Hamburg, Lü=
beck, und so weiter nach Polen. Hier erhielten
sie bey dem König Sigismundo, daß er an die
Embder ein Warnungs-Schreiben ergehen ließ,
worin sie vermahnet wurden, sich mit ihrem Lan=
desherrn zu vergleichen, widrigesfalls sie in Po=
len sollten Preis erkläret seyn, und Schiffe, Leu=
te und Guth verlohren haben. Von dannen
gingen sie nach Schweden, und besuchten Herr
Carln, ihrer Fr. Mutter Brudern, Gu=
bernatorem des Königreichs Schweden. Aus
Schweden kamen sie wieder in Holstein, woselbst
Claus Willerhoff, einer von denen, die aus
Embden sich bey Zeiten weggemacht, einige Schif=
fe ausrüstete, in der See auf die Embder zu
kreutzen, und sich an ihnen zu rächen gggg).

§. 62.

ffff) Apol. Embd. p. 192. 198-200.
gggg) B. Elsemi Denckw. Begebenh. l. c. Apol.
Embd. p. 198-200.

§. 62.

Wilhelm von Kniephausen thut zu Prag den Vorschlag von einem Oberinspector über ganz Ostfriesland.

Unterdeß gingen die Streitsachen zu Prag, zwischen den Abgeschickten des Herrn Grafen und der Land-Stände beständig fort, beverab da durch vorerzehlte Händel in Embden und sonsten die Gegenbeschwerungen sich häufeten. Junker Wilhelm von Knyphausen, als ein beschnitzter Mann, da ihm die ganze Sache sehr weitläuftig vorkam, suchte es dahin zu bringen, daß aus Allerhöchster Kayserlicher Autorität ein Inspector oder Salvator über Ostfriesland mit Kayserlicher Commission und Macht, gesetzet würde um alle Dinge wieder zu recht zu bringen, zu welchem Ende demselben neben der Aufsicht auch die Direction über die Gräfliche Regierung müste anvertrauet werden, biß es wieder in guten Stand gesetzet wäre. Allein dieses sowol als die weitere Fortsetzung des Processus zerschlug sich, indem der Kayser der Pest halben aus Prag sich hinweg begeben muste, da dann beiderseits abgeschickte Gesandten genöthiget wurden sich zurück zu ziehen. Es

hen von dannen nach Hause zu begeben hhhh); jedoch daß auf Seiten der Stände erhalten war, daß Kayserl. Majestät es bey dero Resolution gelassen, und dem Cammer-Gericht zu Speyer anbefohlen war, selbige als eine Norm, darnach die vorfallende Ostfriesischen Dinge und Strittigkeiten zu judiciren, auf und anzunehmen jiii). In Embden grassirte zu dieser Zeit auch die Pest, und sturben etliche tausend Menschen kkkk), unter welchen auch den 5 Sept. Bürgermeister Arend Wolters mit hinfiel llll).

§. 63.

Furcht der Ostfriesen für dem Einbruch der Spanischen Völcker.

Sonsten begunte man sich in Ostfrießland für die Spanischen Völckern zu fürchten. Denn Franciscus Mendoza, Admirant von Arragonien, Spanischer Feld-Herr, welcher eine Zeit her verschiedene Oerter des hell. Römischen Reichs übel mitgenommen, hatte sich endlich ins Stift

h) Apol- Embd. p. 193-199.
i) Wicht p. 280.
k) Ibid.
l) Series Consulum Embdanorum.

Stift Münster niedergelassen, um daselbst sein Winterlager zu halten. Bey ihm hatte sich Graf **Christoffer** von Ostfrießland in Diensten begeben, und stund bey ihm in großen Ansehen, dieses aber um desto mehr, weil er die Evangelische Lehre verlassen, und die Päbstliche Religion angenommen hatte. Das Gerücht lief durch ganz Ostfrießland, der Herr Graf **Christoffer** würde die Spanischen Völcker ins Ostfriesische führen, um das Gräfl. Haus zu rächen. Es ließ auch der Graf **Friedrich vom Berge,** welcher unter dem Admiranten in Diensten war, sich allerhand Drohungen wider die Ostfriesen vernehmen mmmm).

Die Abgesandten der Fürsten und Stände des Niedersächsischen Kreises aber hielten eine Versammlung zu Braunschweig, und sandten an den Herrn Grafen zu Ostfrießland ein ernstliches Schreiben, worin er ermahnet ward, der Spanischen Hülfe sich zu entschlagen, und die feindlichen Völcker nicht ins Land zu ziehen. Wobey es denn auch durch Gottes Gnade geblieben; wie

mmmm) *Wicht* Annal. p. 28. Apol. Embd. p. 200-204. *Emm.* Hist. nostr. Temp. p. 31. Id. 31. in vit. Menf. Alt. p. 158. *B. Elsenii* Denckw. Begebenh. p. 18.

viewol die Ostfriesen den ganzen Winter in
Furcht geblieben nnnn).

§. 64.

Die Embder wehlen einen neuen Rath,
welcher 2 Jahr continuiren soll; worüber Unruhe entsteht.

Als das Neue-Jahr 1599 hereintrat, waren
die Vierziger in Embden geschäftig
den neuen Rath zu wehlen. Zu Bürgermeister machten sie Bartholomeus Hinrichs,
Erhardus Bolardus, Peter de Fischer,
und Hector Friedrich I. U. D. Ob sie nun
sich darin nach dem 30 §. Kayserl. Resolution
so weit verfuhren: so gingen sie doch darin
weiter, daß sie bey der Wahl den Schluß faß-
ten, daß dieser neue Rath zwey Jahr continuiren sollte. Da sie nun die Nahmen der Neuerwehlten dem Herrn Grafen zuschickten, damit
den 7 Jan. die Einführung und Beeidigung
rechte vor sich gehen, nam der Herr Graf ihr
Schreiben nicht an, sondern ließ den Stadtdie-
ner, welcher den Brief brachte, durch seine Soldaten mit einer Prügel-Suppe wieder abferti-
gen.

n) Wicht l.c.

gen,. Die in dem abgewichenen Jahr vorgefallene Händel brachten ihn zu solchem Eifer oooo).

Wann nun der Widerwille zwischen Haupt und Gliedern groß, und die Furcht für den Spanischen Feld-Obersten Graf Friedrich vom Berge, welcher mit seinen Völckern das Clevische und Münstersche Land verheerete, nicht minder auf Seiten der Unterthanen war, ließen die Embder mehr Volck werben. Sie hatten auch bereits Grafen Wilhelm von Nassau und die General-Staaten um Hülfe im Nothfall angesprochen, und von ihnen die Zusage erhalten pppp). Der Herr Graf warb auch starck an, und mußten zu dem Ende die Unterthanen in Ostfrießland den 8 Febr. für eine jede Kuh, Ochsen, oder Pferd einen Rthlr. Schatzung geben. Auch hatte es den Nahmen, daß ein Theil der collectirten Gelder zur Abwendung der Spanischen Invasion sollte angewandt werden qqqq).

§. 65.

oooo) Apol. Embd. p. 210. Series Consulum Embd.

pppp) Apol. p. 211. Meterani Niederländ. Hist. 19. Buch p. 844. und 20. Buch p. 890. 891.

qqqq) B. Elseninii Denckw. Begebenh. p. 18. Apolog. Embd. p. 205. seqq. Emm. Hist. N. Temp. p. 31. Everh. v. Reyd. Nederlantsch. Oorlogh. lib. 16. p. 654.

§. 65.

Graf Edzard II. stirbt.

[U]nter so vielfältiger Unruh nahete es mit Edzard II. Grafen und Herrn in Ostfrießland,
nun eine geraume Zeit her schwaches Leibes
[w]esen, und verschiedene schwere Anstöße von
[Kran]ckheiten gehabt, zum Ende rrrr). Gott leg-
[te ih]n zu Aurich auf sein Sterbe Bette, worauf
[er a]uch den 1 Martii des Morgens um 6 Uhr
[seelig] und christlich seinen Geist aufgab ssss) nach-
[dem] er des Nachts vorher von Bernhardo El-
[sing]o Past. primario zu Norden, als seinem
[Beich]tvater, das heil. Abendmahl empfangen,
[und] seine Herren Sohne Enno, Gustav und
[Johan] Otto zur Einigkeit vermahnet hatte. Et-
[wa a]nderthalb Stunde vor seinem seligen Ab-
[schied] bejahete er seinem Beicht Vater, daß er
JESUM CHRISTUM zum Fürspre-
[cher] für alle seine Sünde beständig behalten wol-
[le. U]nd in solchem Glauben hat er seine Sprache

Wicht p. 280.
Meteran. Niederl. Hist. 20. Buch p. 891.
Apol. Embd. p. 212. Fabricii Ostfries.
Chron. Ravinga Ostfr. Chron. p. 109.
110.

N

che, und bald darauf sein Leben geendiget. Sein Alter hat er auf 66 Jahr 9 Monate gebracht, angemerket er Ao. 1532 den 24 Junii auf dem Hause Gretsiel gebohren worden; und glich darin seinem Herrn Großvater Edzardo M. der auch über 66 kam. Die Jahre seiner Regierung hat er unter vielfältigen Verdrießlichkeiten zugebracht, welche ihm die Herrschsucht seines Herrn Bruders Johann, die Begierde der Evangelischen Religion vorzustehen, und der harte Widerstand der Embder verursachet haben tttt). An und für sich selbst war er ein gnädiger und guter Herr, man gibt aber dessen Bedienten Schuld, daß ihre Rathschläge ihn öfters auf ungütige Gedanken gebracht haben; wiewol man die Unterthanen auch nicht in allem freysprechen kann, daß sie nicht zuweilen Anlaß zu harten Proceduren gegeben uuuu). Er hinterließ von seiner Fr. Gemahlinn Catharina, gebohrnen Prinzßinn aus Schweden, 5 Söhne, Enno, Gustavus, Johannes, Christophorus, und Carl Otto; und drey Töchter, Anna, welche erstlich an Churfürst Ludowich Pfalz-Grafen am Rhein, nachmahls an Fürst Ernst Marggrafen zu Baden, letzlich an Herzog Julius Henrich zu Sachsen

tttt) Bernh. Elsenii Denckw. Begebenh. p. 18. 19.
uuuu) Wicht l. c.

unter der Gräflichen Regierung. 195

:n Lauenburg verehliget ward, und **Sophia**, wel-
)e 1630 zu Pewsum unverehligt gestorben ist,
nd **Maria,** die an Herzog **Julius Ernst** von
Braunschweig zum Dannenberg vermählet wor-
:n xxxx).

§. 66.

ie Gräfliche Leiche wird in Aurich beygesetzet.

)er Gräfliche Leichnam ward den 13 May
in der Stadt-Kirchen zu Aurich beygese-
Die Leich-Procession geschah bey Tage,
) ging es alles sehr prächtig zu. Vor und
der Leiche wurden 80 Fackeln getragen. Die
:rne Ringe am Sarg waren jeglicher ein
:nd schwer. Dis ist die erste Gräfliche Leiche
n Aurich begraben worden yyyy). Vorzei-
var das Begräbniß der Herrschaftlichen Per-
:n zu Norden in dem alten Closter Marien-
woselbst nunmehro das Gasthaus ist. Die
: Mutter aber, des jetzt verstorbenen Herrn
fen, Fr. Gräfinn **Anna** von Oldenburg,
N 2 hat-

) Ravinga l. c. Eilard. Löringa Geneal 1. Famil. de Citefena p. 60.
B. Elfenii Denckw. Begebenh. p. 19.

hatte, nach dem Tode ihres in Gott seligen Ehe-Herrn Grafen Ennonis II., in der großen Kirchen zu Embden ein prächtiges Begräbnis aufrichten, und die Gebeine der Vorfahren Ao. 1548 aus Norden dahin bringen lassen, wie dann selbiges noch heutiges Tages allda zu sehen ist zzzz). Nachdem aber Ao. 1588 die Händel wegen der Leichen-Predigt bey der Beysetzung des Gräflichen Fräuleins **Margareta** vorgefallen, dazu nachmahls die andern Verdrießlichkeiten gestoßen, endlich auch bey diesem Trauerfall das Ministerium und die Eltesten in Embden sich vernehmen lassen, daß sie keinem Lutheraner die Leichen-Predigt zu halten zustehen würden aaaaa), ohngeachtet die Lands-Stände bey Abstattung des Trauer-Compliments die Bitte mit einfliessen lassen, daß Sr. Gnaden, den Leichnam des verstorbenen Herrn Vaters nach Embden in die Gräfliche Begräbniß mit ehestem möchte hinführen lassen, ist der Begräbniß-Ort in der Auricher Kirchen erwehlet worden. Der Platz dazu ward in derjenigen Hälfte der Kirchen genommen, so die neue Kirche genennet wird. Dieser halbe Theil oder neue Kirche erstreckte sich zu der Zeit nicht weiter als bis zum Anfang des

Chors,

zzzz) *Emm.* Hist. Rer. Fris. lib. 58. p. 908. Wicht p. 238.
aaaaa) *Emm.* in vit. Mehs. Alting. p. 179.

Chors, oder, etwas deutlicher zu sagen, bis an das jetzige Herrschaftliche Begräbniß, so nach der Zeit erst im Jahr 1648 daran gebauet worden. An dem Ende nun der neuen Kirchen, wo das itzige Herrschaftliche Begräbniß seinen Anfang nimmt, und zwar an der Süder Mauer, da nunmehro der Gang nach der Orgel ist, ward ein Begräbniß aufgemauert und mit Paneel-Werck bekleidet, worin der Gräfliche Leichnam beygesetzet worden. Dieses Begräbniß stand so weit von der Mauer gegen Osten, daß noch zwischen ihm und der Mauer zwo Gestühle waren, die an der Süder-Mauer sich befunden: auf der andern Seite war es so weit von der Süder-Kirch-Thüre, daß auch noch ein Stuhl daselben war. Ist also unter der Orgel und dem Gang nach der Orgel, (die aber damahls noch daselbsten nicht gewesen) das neue Hochgräfliche Begräbniß gestanden bbbb).

Beschluß.

Demnach ich nun in diesem Buch weitläuftiger, als anfangs mein Vorsatz gewesen, ehlet habe, wie und mit welchen Begebenheiten unter der Regierung Edzardi II. Grafen und

N 3 Herrn

bbb) Apolog. Embd. p. 216. Everh. v. Reyd Nederlantsch Oorlogh, lib. 16. p. 655.

Herrn in Ostfrießland das Hofgericht, das Aerarium Puublicm oder die Landes-Casse, und die Accorden eingeführet worden, will ich mit dessen Lebens-Ende auch dieses Buch geendiget haben.

Ende des siebenden Buchs.

Der Auricher Chronick

Achtes Buch.

Von

den Geschichten unter der Gräflichen Regierung,

in den

ersten Regiments-Jahren Grafen Ennonis III.

nemlich 1599. 1600. 1601. und deren vielfachen Unruh.

___

§. 1.

Graf Enno III. trit die Regierung an.

OST-FRIESLAND fassete nunmehro die gute Hoffnung, bey der neuen Regierung würde eine neue Vereinigung des

des Haupts und der Glieder, und daher auch eine neue Ruhe und Glückseligkeit sich hervor thun. Der älteste Herr Sohn des selig verblichenen Herrn Grafen Edzardi des zweyten, nemlich Graf Enno III. folgte seinem Herrn Vater im Regiment, nach dem Recht der Erstgeburt, welches Kayser Rudolphus II. vor vier Jahren dem Ostfriesischen Regier-Hause bestätiget hatte. Er war ein sehr verständiger Herr, welcher seinen Herrn Vater an Klugheit übertraf, dessen auch seine eigene Feinde Ihm das Zeugniß geben müssen. Die Gnade, Gütigkeit, und Freundlichkeit, welche er noch bey Lebzeiten seines Herrn Vaters den Unterthanen hatte blicken laßen; die Liebe zur Gerechtigkeit, die von denen höchst gerühmet ward, die mit ihm umgingen; und der sonderbare Ruf von seiner Weisheit erweckte gleichsam ein allgemeines Frolocken, und unterstützeten die Hoffnung der nunmehr vermuthlichen Landes Wolfahrt. Selbsten die Vornehmsten im Lande, die bis daher dem Gräfl. Hause entgegen gewesen, fielen auf andere Gedanken a).

Die Frey-Herren von Inn- und Kniphausen Ico und Wilhelm Gebrüdere, durch deren Rath und Angeben zu erst die Ostfriesische Rit-

a) Apol. Embd. p. 212. 213. Emm. la vit. Alt. p. 159.

erschaft und nachmahls die übrigen Stände,
ormahls zu der Kayserl. Majestät ihre Zuflucht
genommen, wider weiland Grafen **Edzard** gearbeitet, und das Hofgericht ausgewirket hatten;
ie auch in Legationen wider das Hochgräfliche
Haus gebrauchet, und in allen Händeln, als
Beförderung der Kayserl. Resolution, Einrich-
ung der vorschwebenden Concordaten, Landtags-
Schlüssen, kürtzlich bey allem, was sonsten im
unde zwischen dem Grafen und Stände vorge-
allen, an und übergewesen, wandten sich nun-
ehro dem vorigen Betragen zuwider, und mit
ermänniglicher Verwunderung, zu dem itzigen
errn Grafen, und zogen auch durch ihr Anse-
n viel andere nach sich. Insonderheit war
olgemeldeter Herr **Wilhelm** ein gelehrter, vor-
flicher und verständiger Mann, daneben von
oßen Mitteln, und der an köstlicher Hofhal-
ng dem Herrn Grafen nichts nachgab. Da-
: er dann in sehr großem Ansehen unter den
tfriesischen Ständen war, und jedermann auf
sahe. Also war es auch kein Wunder, daß
er und sein Bruder sich hinwendeten, viel an-
e ihnen folgten, wie aus folgenden Erzehlun-
erhellen wird b).

N 5 §. 2.

b) Apol. Embd. p. 213. Ell. Löring. Geneal.
4. p. 107, 109.

§. 2.

Die Ostfrießischen Stände lassen dem Herrn Gr. Enno III. durch ihre Deputirte ein Trauer-Compliment machen und zur Regierung Glück wünschen.

Zu der Zeit, da Wilhelm von Kniphausen die Nachricht von dem Absterben des alten Herrn Grafen Edzardi bekam, war er im Grafen Hage in Holland, wohin er im Februario gereiset war, daselbst wider das Gräfl. Haus zu arbeiten. Sobald er diese Veränderung in Ostfrießland vernam, kam er den 16 Martii wieder nach Embden, und eilete des folgenden Tages mit dem Syndico der Stadt Doct. Wiarda nach Middelstewehr zu seinem Bruder Jco und hielten allda ihre Unterredung. Darauf brachten sie es dahin, daß den 23 Martii eine Versammlung der Landstände zu Hinta, eine halbe Meile von Embden gelegen, gehalten ward, woselbst die Deputirte der Stände beyeinander kamen. Hier ward einmüthig beschlossen, einige Abgeordnete an den Herrn Grafen Enno zu senden mit dem unterthänigsten Anhalten, welches sie nach abgelegten Trauer-Compliment und Glückwünschung zu der anzutretenden Regierung schriftlich überreichen sollten,

dem-

mlich daß Sr. Gnaden die Soldaten um alles
Mißtrauen zwischen Herrn und Unterthanen aufheben, möchten abdanken; imgleichen daß Sie
nen Landtag wolten ausschreiben, und wegen
r Landes-Regierung auf einen gewissen Fuß
d sichere Masse sich mit den Ständen berath-
lagen und vergleichen. Die hiezu Verordne-
reiseten hin nach Aurich, und verrichteten
, was ihnen aufgetragen war. Die aus
Ritterschaft Deputirte waren Jco Herr von
iphausen, Nagel von Plettenburg, und
chweer (Ahasverus) von Oelen. Aus der
adt Embden gingen mit D. Wiarda, Sin-
s, und Hans Evers Rathsherr. Diese
die übrigen Deputirte hatten bey dem Herrn
afen Audienz im Beysein Onnonis Tiab-
n ehmahligen Bürgermeisters in Embden,
D. Heckmann c).

§. 3.

Embder inzwischen beharren im Mißtrauen.

ey der großen Hoffnung, welche sehr viele
Unterthanen hatten, sie würden an dem
Herrn

) Apol. Embd. p. 212-218. Emm. in vit.
Alting. p. 159. 160. Everh. v. Reyd Nederlantsch. Oorlogh. lib. 16. p. 655.

Herrn Grafen einen gar gnädigen Herrn und Landes-Vater haben, war gleichwol der Magistrat zu Embden voller Furcht und Argwohn, und wolte dem Herrn Grafen keinesweges trauen, obgleich andere von seiner Gnade viel Rühmens machten. Ja es schien wol, daß das stetswährende Andenken der vorigen, unter welchen Graf **Edzard** gestorben, und der annoch vorschwebenden Mißhelligkeiten, nebst der Einbildung, daß sie zu Hofe nicht anders als Feinde angesehen wären, nicht nur bloß ein Mißtrauen, sondern auch einen solchen Widersinn wider das Gräfl. Haus bey ihnen erwecket hatte, der ungemein war. **Gerhardus Bolardus,** dazumahl präsidirender Bürgermeister, gab solches nicht undeutlich zu erkennen, indem er nicht wol damit zufrieden war, daß man dem jungen Herrn Grafen in dieser Gesandtschaft eine Regierung zustünde, ohne mit dem Vorbedinge, **daß die Huldigung anderer Gestalt nicht als vermöge der ersten Gräflichen Erwehlung, nach Recht der Väterlichen Freiheit geschehen sollte,** weshalben er auch mit dem Syndico **Wiarda** sich verunwilliget hatte. Auch verdroß es den Rath heftig, daß die Abgeordnete in ihrem Trauer-Compliment den verstorbenen Herrn Grafen und seine Regierung mit einigen Lobreden beehret hätten. Nachdem nun also Furcht, Mißtrauen, und Widersinn die

emüthet eingenommen hatte, könnte nichts an-
es daraus folgen, als daß man sich alles Ar-
von der künftigen Regierung einbildete.

Hiezu kam, daß eben um dieser Zeit ein
mahls bekannter und großer Seeräuber, Ja-
b **Thomas** genannt, denen Embdischen Kauf-
ten eine Beute an Geld und feinem Tuch, wel-
s nach Franckfurt gehen sollte, und sich wol
die 20600 Gulden (Eberhard von Reyd
chet 60000 Gulden daraus) erstreckte, abge-
et hatte. Dieser scheuete sich nicht mit seinen
nsorten zu Aurich auf dem freien Marckt zu
heinen. Als nun auf Anhalten des Embdi-
n Magistrats der Herr Graf ihm einen Ar-
ankündigen ließ, sonsten aber nichts härters
ihm vornam, und derselbige sich darauf heim-
wegmachte, war der Rath zu Embden dar-
ebenmäßig unvergnügt, und fiel der Herr
if in den Verdacht, daß alles mit seinem gu-
Willen zugegangen. Und solches alles meh-
bey ihnen den gefasseten Widerwillen.

Gleich wie nun aber diese dem Gräflichen
se abhold waren, so wurden auch einige der
ren Stände stutzig, als Graf **Enno** bey
emeldeter Audienz denen Abgeordneten durch
. Heckmann zur Antwort gab, daß seiner
bey gegenwärtigen Läufften die Soldaten
wol abschaffen könnte, sondern es wol nö-
wäre, daß zur Versicherung des Landes die

Zahl

Zahl vermehret würde; auf einen Landtag könnte er bey dieser Zeit, da das Haus in Trauer wäre, nicht wol gedencken, wolte doch zu gelegener Zeit darüber seine Gedanken ergehen lassen, wiewol er fast unnöthig achtete, alle Stände bey einander zu fordern, sondern vielmehr des Vorhabens wäre, mit jedem Stand absonderlich zu handeln d).

§. 4.

Graf Edzard Adolph wird gebohren. Der Magistrat in Embden nimt ohne der Bürger Vorbewust Statische Völker in die Vorstadt ein.

Unter währender Trauer, da noch die Gräfliche Leiche des in Gott ruhenden Grafen und Herrn Edzardi, christlicher Gedächtniß, über der Erden stand, segnete Gott das Gräfliche Haus mit einer erfreulichen Gebuhrt, indem die Durchl. Frau Gemahlinn des Regierenden Grafen und Herrn Ennonis III. Fr. Anna, gebohrne Prinzessinn von Holstein, den 15 April einen

---

d) Apolog. Embd. p. 215-220. Emm. in vit. Alting. p. 160. Everh. v. Reyd Nederlantsch. Oorlogb. lib. 16. p. 655.

inen jungen Herrn zur Welt brachte, welcher
ey der heil. Taufe nach beiden Groß=Vätern
Edzard Adolph genennet warde).

Im übrigen säumte der Magistrat in Emb=
en nicht, der alten Gewohnheit nach sich in Si=
)erheit zu setzen, und erhielt zu solchem Ende von
 n General=Staaten vorerst vier Fähnlein Sol=
iten, die den Freytag vor Ostern unter dem
bersten Johann von Cornput ankamen, und
die Vorstadt sich einquartirten. Dies aber
veckte einen nicht geringen Aufstand in der
tadt. Denn nachdem der gemeinen Bürger=
aft solches Vornehmen nicht entdecket war,
d dieselbige grösten Theils dem Herrn Grafen
 geneigtes Hertze zutrug, auch gerne sahe, daß
 Anfang seiner Regierung (so immer möglich)
Frieden möchte gemacht werden; überdem
Sorgen stund, daß die Stadt durch Einneh=
ng der Statischen Völcker anderer Potenta=
n, als der König von Polen, Schweden, Dän=
iarck und Spanien, wie auch der Herzogen
Preußen und Holstein Feindschaft auf sich
n, und also im Handel und Wandel ihr
sten Schaden thun, wo nicht sonsten aller=
d Unglück über den Hals ziehen möchte, ging
)eftiges Murmeln in der ganzen Stadt herum.

Hier=

) Wichtp. 281. B. Essen. Denkw. Begebenh.
p. 19.

Hierauf wurden allerhand Rathschläge gehalten, deren Wirckung sich bald äusserte. Denn am heil: Oster-Tage kam alles in Waffen, die Gewafneten funden ihre Anführer welche Order stelleten, Bürgermeistern und Rath ward das Rathhaus verboten, und die Schlüssel der Pforten ihnen abgefodert, die Colonellen und übrigen Officire der Stadt wurden abgesetzet, und andere an ihrer Statt bestellet, die vorige Art der Stadtwache ward auch verändert, und endlich wurden 12 Männer erwehlet, die so lange das Stadt-Regiment führen solten bis alles mit dem Herrn Grafen gütlich würde verglichen seyn. Sonsten aber geschah niemand Gewalt noch Leid f).

Die Staaten nachdem sie solches erfuhren, schickten einige Orlogs- oder Kriegs-Schiffe auf die Embs, den Strom damit zu besetzen, und dadurch theils die Bürgerschaft in Embden auf andere Gedanken zu bringen, theils zu veranlassen, daß die Herrschaft und Unterthanen zur Vereinigung treten möchten g). Diejenigen Orlogs-
Schiffe

f) Wicht l. c. Apol. Embd. p. 223-225.
Emm. in vit. M. Alting. p. 161-164. Everh.
v. Reyd Nederlantsch. Oorlogh. lib. 16.
p. 656.

g) Erläuterung des Embd. Vorläuffers p. 31.
32. 35. Apol. Embd. p. 225.

Schiffe, welche der Magiſtrat zu Embden auf
m Embs-Strom hielten, thaten auch zuwei-
l das ihrige h). Eins davon legte ſich den 6
Jan vor der Grete, und nahm daſelbſt den Nor-
rn 4 Schiffe mit Rocken hinweg. Die Ton-
Rocken galt zu der Zeit 5 Rthlr. 1 ſch. I).

§. 5.

ſchbegängniß Gr. Edzardi II. Ein
Landtag wird ausgeſchrieben nach
Embden.

Mit der Zeit war zu Hofe alle Veranſtal-
tung zu dem Leichbegängniß des Selig-ver-
benen Grafen und Herrn Edzardi II. gehet, welche denn auch den 13 May vor ſich
l; wie im vorigen Buch gemeldet worden k).
Leich-Predigt hielt M. Jacobus Marti-
welcher zu dieſer Zeit an dem Oſtfrieſiſchen
ſich aufhielt, und wegen ſeiner Gelehrſam-
und herrlichen Gaben in ſonderbaren Ruhm
war.

Apol. E. p. 219.
B. Elſen. Denkw. Begebenh. p. 19.
) Wicht p. 281. Elſen Denckwe. Bege-
benheiten p. 19.

O

war. Dieser war vor etwa anderthalb Jahren von der Ostfriesischen Herrschaft aus Wittenberg zum Rectore der Schulen zu Norden berufen. Wann aber bei seiner Ankunft die Pest in Norden heftig grassirte, behielt ihn die Herrschaft zu Hofe, die Predigten nebst dem Hofprediger dem M. Hesse mit zu verwalten, woselbsten er auch bis hiezu geblieben war l).

Nach gehaltenem Begräbniß wurden zu Hofe die Rathschläge fortgesetzet, wie die Sachen, sowol wegen der Stadt Embden als der gesamten Landschaft anzufangen; und erfolgte endlich der Schluß, daß nach dem Begehren der Ostfriesischen Stände ein allgemeiner Land-Tag auf den 2 Junii ausgeschrieben und in Embden gehalten werden sollte m).

Die Embdische Bürgerschaft, als welche sah, wie die Soldaten der General-Staaten auf der Embs und in den Vorstädten lagen, und besorgtes

l) D. Ioh. Scharfii Leichpred. über Jacob Martini S.S. Th. D. gehalten Ao. 1649 d. 3 Iun. zu Wittenb. in Personal. lit. F. iiii. Ierem. Reufneri I. U. D. Programm. Concion. funebr. annex. lit. L. 2.

m) Concordata §. 1. im Accord B. p. 196. Emm. in vit. Alting. p. 165. Apol. Embd. p. 225.

vegen etwas gewaltsames besorgen muste n), bey aber nicht fand, daß sie von dem Herrn [Gr]afen die verhofte Hülfe haben könte, ließ es [nich]t aufs äußerste ankommen, sondern setzte sich [in] fleißige Zwischen=Handlung der Holländischen [Depu]tianten in der Güte wieder mit Bürgermei[ster] und Rath, und kam alles also wiederum auf [ei]nen Fuß, damit der bevorstehende Land=Tag [desto] friedlicher könnte gehalten werden o).

Immittelst war auch eine Zeit her daran [gear]beitet worden, daß auf solchem Land=Tag [Ihro] Königl. Majestät von Engelland und der [Gen]eral=Staaten Abgesandten mit erscheinen [möch]ten, den Frieden und die Vereinigung zwi[schen] Haupt und Glieder in Ostfrießland zu be[förde]rn. Also machten sich bey Zeiten auf mit [beko]mmener Macht zu diesem Handel **Geor:**[ge] **Gilpin,** Königl. Majestät in Engelland [Agen]t in den Vereinigten Niederlanden, und da[neben] wegen höchstgedachter Majestät Rath von [den] Staaten; **Maximilian** von Gröningen [wegen] Seeland, **Caslyn von der Hell** [Statt]thalter zu Zütphen wegen Gelderland, der [zugleic]hs bey dem Delffsielischen Vertrag mit [gewese]n war; **Jacob Bolßen** wegen Holland. [Diese] kamen den 24 und 25 May zu Gröningen an.

Apol. 226.
m m. in vit. Alting. p. 164. 165.

an. Herr Gilpin ging von dannen voraus, dem Herrn Grafen ihrer aller Ankunft und Commission zu berichten, und nechst Anerbietung zu dem bevorstehenden Handel ihn dahin zu vermögen, daß er sich solches gefallen liesse. Die andern folgten nach, nebst **Hayke Fockes** und **Frantz Jantzen**, die wegen Westfriesland, wie auch **Friedrich Coenders**, so wegen Gröningen beordert waren, und kamen den 27 May auf Delfsiel, erschienen darauf zur bestimmten Zeit, nemlich den 2 Junii in Embden. Dis waren also ein Englischer und sechs von den Staaten committirte Abgesandten p). Anfänglich war diese Gesandschaft dem Herrn Grafen nicht zu Sinn, weil ohne sein Ansuchen und Begehren solche vorgenommen, und er sonsten ein oder anders dabey einzuwenden hatte; endlich aber auf viel Zureden ließ er sich dieselbige gefallen q).

§. 6.

---

p) Apol. p. 229. 230. P. v. W. Waerachtig Verhael &c. lit. B. ii.

q) Apol. p. 230. 231. Everh. v. Reyd Nederlantsch. Oorlogh. lib. 16. p. 706.

§. 6.

...nd-Tag zu Embden, worauf die Concordata gemacht werden.

[A]ls nun die Oſtfrieſiſchen Stände den 2 Junii [z]u Embden verſammlet waren, ließ der Herr [Gr]af durch ſeine Land-Räthe die Propoſition [thu]n, welches auf dem Rathhauſe geſchah. Den [...]n Junii erſchienen auch auf dem Rathhauſe [die] Herren Committirte, nachdem ſie Audienz [geb]eten und erhalten hatten, und eröfneten den [sä]mtlichen Landſtänden ihre habende Commiſſion, [wie] ſie denn auch folgendes Tages der gemeinen [Bü]rgerſchaft in Embden ein gleiches thaten r). [Die] Oſtfrieſiſchen Stände brachten auf die am [ersten] Tage der Verſammlung geſchehene Propoſition eine weitläuftige Antwort von 19 Bogen [ein,] welche voller Gravamina war. In ſel[biger] ſuchten ſie auch zu behaupten, daß nicht [sowoh]l das Erbrecht der Erſtgeburt als der Con[sens] und Bewilligung des Volcks, das Funda[ment] der Succeſſion in der Oſtfrieſiſchen Regie[rung] wäre. Nun wurden alle Sachen und Be[schwe]rungen bald mündlich bald ſchriftlich ver[hande]lt, und endlich von den Gräflichen Land[und H]ofräthen ein Entwurf eines Vergleichs,

r) Apol. Embd. p. 230. 231.

unter dem Nahmen der **Concordaten**, zu Papier gebracht, worüber die Stände ihre Anmerkungen gemacht, und also dem Herrn Grafen den 11 August wieder zustellen lassen. Nach vieler angewanten Mühe der Herren Abgesandten, und vielfältigen Handlungen der Räthe und Stände ist es endlich so weit gekommen, daß eine Vereinigung getroffen s), obbenandte Concordaten von Sr. Gnaden unterschrieben, und von dem Rathhause zu Embden publiciret, und also der Friede zu jedermanns Vergnügen und Freuden öffentlich verkündiget worden, so geschehen am Tage Michaelis (den 29 Septembr.) des 1599ten Jahres t).

Des folgenden Tages begab sich St. Durchl. der Ertzbischoff von Bremen **Johann Friedrich**, Fürst von Holstein, nebst seiner Fr. Mutter **Christina** des Landgrafen **Philipps** Tochter, nach Embden, und wurden allda von dem Magistrat und der Bürgerschaft stattlich empfan-

---

s) Ibid. p. 231-235. B. Elsen. Denckwürt. Begebenh. p. 19. Conf. Acta in der Offst. Hist. Tom. 11. lib. 1. N. 20——28. p. 251——177.

t) GrafEnno III. und der Stände Concordat. §. 121. p. 225. 226. Apol. Embd. p. 235. Wicht p. 281. Elsenii Denckm. Begebenh. l. c.

mpfangen, und des nächstfolgenden Tages auf
em Rathhause herrlich tractiret u). An eben
emselbigen Tage nach dem Fest Michaelis, wel-
her ein Sontag war, ging Menso Alting,
er bey dem nächsten Aufstand in Embden nebst
nigen andern nicht in geringen Sorgen gewesen
ar, früh Morgens noch vor der Haupt-Pre-
gt zu den Herrn Abgesandten der General-
Staaten, wünschete Glück zu ihrer guten Ver-
chtung, eröffnete ihnen anbey, daß, weil er
sorgen müste, daß der Ostfriesische Friede
cht lange dauren würde, er wol gewillet wä-
, bey dieser Zeit abzudancken, und lieber Gott
d der Kirchen an einem andern Ort zu dienen,
d empfohl sich schließlich ihrer beharrlichen
unst. Die Abgesandten riethen ihm bey der
emeine in Embden zu bleiben. Er nam hier-
f seinen Abschied mit dem Schluß, daß er
ottes Willen folgen wolte, entweder er ließ ihn
Embden, oder berief ihn anderswohin. Die
erren Abgesandten kehreten nach verrichteten
achen wieder heim an ihren Ort x).

D 4 §. 7.

u) **Wicht** p. 281. 282.
x) Emm. in vit. M. Alting. p. 166 — 169.

§. 7.

Einhalt der Concordaten.

In denen vorerwehnten Sr. Gnaden und der Stände Concordaten, in deren Verfertigung D. Thomas Franzius als damahliger neuer Canzler die Feder geführet hatte y), wir unter andern verabschiedet:

I. Wegen der Ostfriesischen Regierung und des Volcks Privilegien,

Daß Sr. Gnaden, welche nunmehro durch Gottes Gnaden, nach dem Recht der Erstgebuhrt, und mit völligem Conkns und einmüthiger Beliebung der sämptlichen Ritterschaft, Städte und Stände dieser Graffschaft die Regierung angetreten, sich erkläreten, die sämptlichen Unterthanen bey allen und jeden Privilegien, Freyheiten, alten Gebräuchen, Ordnungen, und auffgerichteten Verträgen zu schützen. Dahingegen Sie auch als getreue Unterthanen sich bezeigen, und gleich wie Sr. Gn. sich keiner absoluten und ungebundenen Macht anmasseten, sondern sie bey ihren Privilegien liessen,
sie

---

y) Emm. in vit. Alting. p. 165. Embd. Vorläuffer B. 2. Erläuterung des Embder Vorläuff. p. 36.

ie auch also Sr. Gn. an dero Gräfflichen Re-
galien, Hoheiten und Rechten keinen Eintrag
thuen sollten z).

II. Wegen der Religion.

Daß in Ostfrießland keine andere Lehre
in Kirchen und Schulen dem Volck öffentlich
solte vorgetragen werden, als welche den Prophetischen und Apostolischen Schriften gemäß in
die Christliche Bekändtnuß der Augspurgischen Confession zusammen getragen und verfasset, und von
den protestirenden Churfürsten, Fürsten und
Ständen des heil. Reichs beständiglich verfoch-
ten und bis auf diese Zeit erhalten worden. Wann
aber sowol an diesen als an andern Orten von
Anfang der Reformation her sich eine Spaltung
über den Verstand der Augspurgischen Confession
erhoben, und die eine Meinung sowol als die
andere öffentlich zu lehren gedultet und verstattet
worden: So wolten Sr. Gn. eine jede Stadt
und Gemeine bey derjenigen Lehre und Exercitio
Religionis, wie auch Meinung und Verstand
der Augsp. Confession ungehindert lassen, so daselbst bisher gelehret und getrieben worden. Auch
solte keine Partey die andere umb solches Unter-
scheides willen in der Lehre und Kirchen-Gebräu-
chen schmähen, anfeinden oder verfolgen. Die
nahe Einigkeit aber unter beyden Parteyen zu be-
för-

z) Gr. Enno und der Stände Concordat. de Ao.
99. §. 1-5. p. 175-179.

fördern, sollte eine eigene Kirchen-
verfertiget werden, wornach sich alle
in phrasibus & ceremoniis zu richten h
dann solches Mittel die Landstände selb
vorgeschlagen. Zu solchem Zweck w
Gnaden mit erster Gelegenheit die v
Theologos hiesiger Graffschafft von be
teyen in gleicher Anzahl verschreiben, u
men beruffen, ihnen auch gewisse Pol
beiderley Meinung in gleicher Anzahl
in deren Gegenwart sie de Articulis co
sich fried und freundlich besprechen, un
wisses *Corpus doctrinæ & Ceremoniarum*
und auffsetzen sollten, oder so ja über s
sie nicht könnten einig werden, sie den
Gedancken eröffnen sollten, wie in Phi
Ceremoniis (in Redens-Arten und Kir
bräuchen) eine solche Gelindigkeit bante
werden, daß zum wenigsten aller Zwispali
und Ergerniß dadurch gehoben würde.
aber dieses alles seinen gewünschten Zw
erreichen sollte, so sollte dennoch das f
ercitium Religionis seinen ungehemten 1
halten. Keiner Gemeine sollten Predig
chen- und Schuldiener auffgedrungen
sondern die Gemeinen sowol auf dem La
den Städten sollten bey Besetzung solch
sie ihre freye Wahl haben, die Confirma
bey der Herrschaft suchen. Und weil et
meinen geklaget, daß ihnen einige Pred
Kirchen-Diener aufgedrungen wären, s
Sr. Gn. noch vor der Huldigung die C

tersuchen lassen, und darunter billige Verordnung
thun, damit wenn also Prediger und Gemeine
gegen einander gehöret würden, die Klagen und
Gegenklagen desto besser könten erwogen und
entschieden werden, und weder die klagende Gemeine gedrungen würde, ihre Seele jemand wider ihren Willen zu vertrauen, noch die Pastores sich beschweren könten, als ob sie ihres Dienstes zur Ungebühr erlassen wären. Damit aber
auch ein beständiges Kirchen-Regiment im schwange bliebe, so wolten Sr. Gnaden ein *Consistorium Ecclesiasticum* anordnen, daßelbe mit zweyen
vornehmen Theologen, deren einer Menso Alting seyn sollte, und wer sonsten ihm sollte bey-
gefüget werden, auch jegliche Politicos und Rechts-
gelehrten, unter welchen itzige Bürgermeister in
Embden Gerhardus Bolardus mit seyn sollte,
bestellen, auch mit Rath und Zuthun der Land-
und Hoffräthe eine gewisse Consistorial-Ord-
nung aufrichten, wornach sich die (aus beiden
Religionen bestehende) Consistorialien zu richten
hätten, als welche nunmehro das verrichten soll-
en, was hiebevor dem Official im Lande zu verwalten gebühret hat. Endlich hielten auch Sr.
Gnaden die Cœtus Ecclesiasticos als ein nützlich
und nöthiges Werck, nur daß sie sich keiner Ju-
risdiction anmasseten aa).

III.

aa) Ibid. §. 9———31. p. 181-190.

III. Wegen des Hoff-Gerichts.

Daß Sr. Gnaden das Hoffg Hoffgerichts-Ordnung bestätigen, auch, nige Klagen über die Mängel und Feh sich eräugeten, aus den Gräfl. Räthen u ständen einige Personen verordnen wolten Visitation halten, und was zur Verbeß Justitz dienlich überlegen, und solches fü berichten sollten, damit eine gute Ordnu führet werden könnte. Die Jurisdic Hoffgerichts und der Cantzley sollte nich ander confundiret, noch ein Gericht von dern behindert werden. Selbsten auch di Beampte sollten am Hoffgericht justitiab Zur füglichen Haltung des Hoffgerichts Aurich ein neues Gebäude aufgerichtet Schließlich Sr. Gnaden wolten auch selb personalibus, et realibus actionibus. wan der Unterthanen einen Anspruch oder For hätte, durch den Procuratorem Generalem re stehen bb).

IV. Wegen der Räthe.

Daß Sr. Gn. ihre Land-Räth auch andere Beampte, die zu solchen Bel gen gezogen werden, worauf die Landes- rung beruhet, aus tüchtigen Eingebohrne Landsassen wehlen, und keine Ausländische zu des-Regierung brauchen wolten cc).

bb) Ibid. §. 40-49. p. 192-196.
cc) Ibid. §. 54. 55. p. 198. 199.

V. Wegen des Collecten-Wercks.

Daß solches richtig und im Stande bleiben möchte, wolten Sr. Gnaden ein Collegium
Administratorum auffrichten, das bestehen solte
aus sechs Personen, aus einem jeglichem Stande
nemhl. Ritter-Städte und Hausmanns-Stande, ihrer zween, denen ein Gräfflicher Rath solte
eyngefüget werden, die also auf das Collecten
Werck Acht haben sollten. Und so etwa einer
von ihnen versterben würde, sollte von dem Stand
e, worauß der Verstorbene den Platz ledig gemacht, einer wiederum vorgeschlagen, und ad
confirmandum præsentiret werden. Der Land-
pfennigmeister wäre nicht weiter von nöthen, und
solten Sr. Gn. dem Collegio schon Buchhalter
und Schreiber zuordnen. Auch wäre man darauf bedacht mit der Zeit das Aerarium publicum
in solchen Stand zu bringen, daß die Zahlung
der Reichs-und Kreiß-Steuren, wie auch die Unterhaltung des Hoffgerichtes, von der Pension der
gesammleten Hauptsummen kommen könnte *d*).

VI. Wegen der Stadt Embden.

So viel darin die Religion betrifft, be-
halt Sr. Gn. sich dis zuvor, daß, so offt sie ihr
Hofflager daselbsten hielten, sie auff ihrer Burg
den Gottesdienst frey und ungehindert wolten
halten haben: Im übrigen aber sollte in der alten

---

d) Ibid. §. 64-66. p. 203, 204.

ten Stadt, in Baldern, wie auch in den S
ten keine andere Religion öffentlich gele
übet, noch geduldet werden, als die, so
der Grossen und Gast-Hauß-Kirchen g
wird. Die Prediger sollten von der E
ruffen, von Sr. Gn. aber confirmiret
Die Consistorial- und Classical-Versam
worin nichtes als Kirchen-Sachen zu vei
sollten unterhalten werden. Schulen f
mand, ohne Bürgermeister und Rath Con
ten. Die Kirchen-Güter, so bey den Ki
befinden, sollten ungekränckt verbleiben,
Vorstehern in der Verwaltung kein Eintra
hen ee).

VII. Wegen der Stadt Aurich.

Daß alle alte Privilegia, Freyheit
wonheiten, und Stadts-Gerechtigkeiten, r
lein im vorigen Stande verbleiben, sonder
verbessert und gemehret werden sollten.
schwerungen wegen der Heidlande und Ho
sollten gelindert werden ff). Die Prediger
sollte bey der Gemeine verbleiben, die Consi
aber bey der Herrschafft gesuchet werden gg)

§.

ee) Ibid. §. 77-85. p. 209——212.
ff) Ibid. §. 103-106. p. 219. 220.
gg) Ibid. §. 22. p. 186.

§. 8.

Die Soldaten werden auf beyden Theilen abgedanckt.

Nachdem nun also durch diesen Vergleich allem Vermuthen nach ein gutes Fundament
zur Vereinigung geleget, und damit der Weg
zur bevorstehenden Huldigung gebahnet worden,
wurden beiderseits die Soldaten abgedancket,
und machten sich auch die Statischen Völker,
welche bisher in den Vorstädten der Embder gelegen hatten, wiederum weg. Hierauf ward
ein Landtag zu Aurich auf den 1 Novembr. ausgeschrieben, auf welchen der Herr Graf gantz
gnädig und heiliglich verhieß, seine bey dem Vergleich gethane Zusagen zu halten, und alle Special-Gravamina seiner Unterthanen völlig zu
heben. Auf solchem Land-Tage ward eine Ex-
traordinäre Schatzung eingewilliget zur Erhaltung des Hoffgerichtes; auch wurden Deputirte
zum engen Ausschuß, und Collectoren zum Col-
lection-Werck verordnet h). Den 7 November
ward die Landtags-Handlung geschlossen, da
dann die Ritterschaft und der dritte Stand die
Accordaten einmüthig unterschrieben, und darauf den Erbhuldigungs-Eid zu leisten versprochen
haben. Wegen der Ritterschaft unterschrieben
Jko,

Apol. Embd. p. 245-247. Wicht p. 281. 282.

Iko, Freyherr zu Inn- und Kniephau
tern und Vogelsangk, Erbmeyer der E
ſentick ꝛc. Eſr. Beninga, Gräflich
ſiſcher Hofrichter und Landvoigt zu E
Häuptling, Mauritz Ripperda, zu
Petkum, Farmſum und im Dam J.
Frantz Frydag von Löringhave zu G
Uterſteweehr Häuptling, und Schw
Delen zu Roſum, Harß Camp und
Häuptling; wegen des dritten Stand
Ulrichen, Menno Circks, Jarch
zum, Aldrich von Schattenburg
brand Emten ii). Die Ritterſchaf
te ſich zu Aurich die Huldigung abzuſtr
der Sachen ſo fort ein Ende zu mad
dann ohne Zweifel die vorgedachten J
von dem übrigen Adel dazu bevollmäch
weſen, daher ging dieſer Actus zum ſon
Vergnügen des Herrn Grafen vor ſich
noch von Aurich wieder wegkehrten kk).

§

ii) Concordata §. 22. p. 226. 227.

kk) *Wicht* p. 282. Apol. Embd.
Everh. v. Reyd Nederlantſch Oorl.
16. p. 706.

§. 9.

In Embden geschiehet die Huldigung
mit sonderbarer Pracht.

Endlich kam es auch so weit, daß die Stadt
Embden sich erklärte, den Herrn Grafen
[öf]fentlich zu huldigen, welches mit sonderbarem
[G]epränge zuging. Hochgedachter Herr Graf
[h]ub sich den 27 November mit seiner Hofstaat,
[be]gleitet von vielen vom Adel, und seinen Räthen,
[na]ch Embden. Des folgenden Morgens den
[28] Nov. als der Huldigungs-Actus vor sich ge-
[hen] sollte, begab Sr. Gn. mit Dero Durch-
[leu]chtigen Fr. Gemahlinn und Gräflichen Hof-
[staa]t sich nach der großen Kirche. Sie wur-
[den] begleitet von denen Adelichen, Räthen, Bür-
[ger]meistern und Rath, Viertzigern und Aelter-
[leut]en aus einer jeden Zunft. Die Huldigungs-
[Pre]digt that Menso Alting über den CI. Psalm.
[Nac]h verrichtetem Gottesdienst etwa um 11 Uhr
[bega]b sich der Herr Graf unter gemeldetem Ge-
[leit a]lso fort nach dem neuen Marckt, woselbsten
[an] der Wage ein hohes und zierlich ausge-
[schm]ücktes Gerüste erbauet war. Auf solches
[stieg] der Herr Graf nebst seinem Herrn Bruder
[Gus]tav, einem Herrn von 34 Jahren, und
[hat]te bey sich seinen neuen Cantzler D. Thomam
Fran-

Frantzium und andere Gräfliche ︙
Die Fürstliche Fr. Gemahlinn verfüg︙
Sicto Feiwen Haus, welches das ︙
dem Gerüste war, da sie im Fenster li︙
ganzen Actum anschauete. Vor der ︙
stand Bürgermeister und Rath nebst d︙
gern. Um solche und um das ganz︙
herum, that sich die ganze Bürgersc︙
Land-Volck, und sonsten eine große ︙
schauer zusammen. Der Canzler F︙
welcher ein Mann von sonderbarer ︙
keit war, that hierauf eine lange und zier︙
worin er des Herren Grafen Gnade ︙
Stadt eröfnete, sie zum willigen Geh︙
frischete, und von dem Band der ︙
nachdrücklich redete. Nächst diesem le︙
Rath und die Umstehenden die Huldigun︙
Dem Herrn Grafen kamen hiebey die ︙
in die Augen, und bezeichnete mit Beri︙
ner Brust die Gnade und Treue, wo︙
Embdern wiederum zugethan wäre u︙
ben wolte. Er war zu dieser Zeit ein ︙
36 Jahren. Nach vollendetem Ac︙
die Stücken gelöset, und Sr. Gn. ︙
Frau Gemahlinn, und sämtlich hohen ︙
gen Gesellschaft, von Bürgermeister ︙
sammt den Viertzigern herrlich tracti︙
ward dieser Tag zu Embden in volle︙
und süßer Lustigkeit zugebracht. A︙

unter der Gräflichen Regierung. 227

Jr. Gn. sich gegen jedermann ganz gnädig, leutselig und freundlich ll). Es waren zu dieser Zeit Bürgermeister in Embden Bartholomäus Henrichs, Gerhardus Bolardus, Petrus de Vischer, und Hector Friederius J. U. D. mm).

§. 10.

Frau Catharina gebohrne Prinzessinn aus Schweden beziehet ihren Wittwen-Sitz Berum. M. Jacob Martini ist ihr Hof-Prediger und zugleich Rector in Norden. Menso bekommt einen Beruf nach Amsterdam.

Ihro Fürstl. Gnaden die Frau Mutter des Grafen Ennonis III., Fr. Catharina gebohrnen Prinzessinn aus Schweden, hatte sich nunmehro nach ihrem Wittwen-Sitz Berum, eben sintemahl das Haus und Amt Berum,

wie

---

l) Historisch. Nachricht von dieser Huldignng Mspt. Ostfris. Histor. Tom. 1. lib. I. c. 9. p. 138-145. Apol. Embd. p. 249-255. Emm. in vit. Alting. p. 170-173.
) Series Consulum Embdan.

wie denn auch die Stadt und Amt N[
vor Zeiten in den Ehepacten von dem S[
Edzardo, christlicher Gedächtniß, be[
áugendem Todes-Fall zum Leibgeding[
war. Sie hatte mit sich genommen [
wehnten M. Jacobus Martini, w[
zum Rectore der Schulen in Norden,[
anfangs berufen gewesen, introduciren[
doch mit diesem Beding, daß er dabe[
wöhnliche Predigten auf dem Hause z[
halten muste. Auch hatte sie demsel[
Inspection über die Kirchen in beiden[
aufgetragen. Bey seiner Function th[
Bestes, die Schule in Norden wieder[
Stand zu setzen nn).

In Embden erlangte Menso Alt[
mit dem Ausgang des Jahres, was er[
schet hatte. Jacob Boelßen, einer[
Abgesandten der Herren Staaten, welch[
hin zur Beförderung des Friedens in[
land gewesen waren, ein Mann Bürg[
liches Standes hatte den Vortrag M[
welchen er (wie zuvor gemeldet) bey [
schied der Gesandten gethan, in gutem[
cken behalten, und ihn, weil eine Predig[

---

nn) Ioh. Schaiffii Leich-Pr. über D. Ia[
tini in Personal. J. iiii. ler. Keul[
gramm. Concion. annex.

: in Amsterdam vacant war, in Vorschlag ge=
racht. Die Amsterdammer, nachdem sie ver=
ommen, daß Menso sich zu verändern wol ge=
illet, sandten ein paar ehrbare Männer mit Brie=
n an Menso, die Gemeine, und den Rath in
mbden, in welchem er zum Theil berufen, zum
heil um seine Erlassung angehalten ward. Die
länner kamen den 13 December in Embden
i, eröfneten ihr Gewerbe, und überlieferten die
riefe. Den 17ten trug Menso die Sache
i Consistorio vor, als woselbst einige aus dem
ath und Collegio der Vierziger hiezu verord=
t und zugegen waren. In allen seinen Reden
s er sich nichts anders vermerken, als daß es
n ernstlicher Wille wäre Embden zu verlassen,
Betrachtung, daß er zu Hofe verhaßt, in der
tadt selbst nicht sicher wäre, wie er dann noch
dem letzten Aufstand in Furcht und Gefahr
ies Lebens seyn müssen; Neid, Haß, Afterre=
, Belaurungen seines Aus= und Einganges
ste er täglich gewärtigen, welchem allen zu
erstehen sein entkräftetes Alter nicht mehr ver=
chte. Die Sache ward weiter in Bedenken
ommen. Jemehr Alting von sich spüren
, daß er weg wolte, jemehr wurden seine
unde und Liebhaber angefeuret ihn zu bitten,
er bliebe. Selbst diejenigen, denen es eben
t ums Herz war, brauchten Ehren=Worte,
it sie nicht durch seinen Abschied die Feind=

seligkeit des Volcks auf sich laden möch[te
ließ sich Menso erbitten, und blieb in [
nachdem sein Ansehen und Gunst bey de[
ne erneuert war oo).

§. 11.

Graf Enno III. **vergleichet sich [**
nen Töchtern über Harrlinger [
Dieses wird der Berumsche Ver[
genannt.

So bald mit dem ankommenden [
Jahrs den 4 Febr. ließ Graf E[r
auch zu Esens als einen Erbherrn im Ha[
Land öffentlich huldigen, und zwar mit [
ligung seiner beyden Töchter Fräulein [
Catharina und Fräulein Agnes, [
mit seiner ersten Gemahlinn Fr. W[
Gräfin von Rittbergen gezeuget hatte. [
nachdem das Absehen der Heyrath mit [
dachter seiner ersten Gemahlinn hauptsä[
dahin gerichtet gewesen, Harrlinger Lar[
an das Gräfliche Ostfriesische Haus zu [
auf daß unter diesen Ländern eine beständ[
nigkeit seyn möchte, wann sie von einen [

oo) Emm' in vita Mens. Alting. p. 1[

regieret würden; immittelst aber, weil kein männlicher Erbe hintergeblieben, nunmehro zu besorgen stund, daß bey Verehligung der Gräflichen Töchter es wiederum an einen solchen Schwiegersohn verfallen möchte, durch den oder dessen Erben neue Unruhe wider das Gräfliche Haus erreget würde, so hatte Sr. Gnaden sich mit beiden Töchtern in einen Vergleich über Harrlingerland eingelassen pp), welcher den 29ten Januar auf dem Hause Berum vollzogen worden, daher er bey den Nachkömmlingen der **Berumsche Vergleich** genennet ist. Auch haben beide Gräfliche Fräuleins zur selbigen Zeit sich zütlich vereiniget mit Gutbefinden und Bewilligung ihrer Herren Curatoren. Der Einhalt des geschehenen Vertrags zwischen hochgedachten Herrn Vater und dessen Gräflichen Fräulein Töchtern, wie auch dieser letzten unter sich, bestand darin, daß Sr. Gnaden, welche sonsten ad dies vitæ den usum fructum von Rittbergen und Harrlinger-Land zu geniessen hatte, seiner ältesten Tochter Sabina Catharina die Grafschaft Rittbergen abstehen, für Harrlingerland aber beyden Töchtern 200000 Rthlr. ergen wolte, wovon die älteste Tochter 35000 Rthlr. zu gedachter Grafschaft, die jüngste Tochter

pp) *B. Elsenii Denckw. Begebenh.* p. 19.

ter Fräulein Agnes die übrigen 165c
zu ihrem Antheil haben sollte.

Sonsten lag der alte Erb-Vertr(
Fr. Wolbrecht und ihrer Schwester ?
so den 27 Sept. 1576 zu Esens c
war, folgendermaßen, daß, da Gott
Gn. Gn. beide mit Söhnen und T(
nen sollte, alsdann der älteste Sohn
rung behalten, die übrigen aber mit
ständigen Apanagio, oder auch die Fr
stern mit einer Gräflichen Unterhaltung
steuer versorgen solte. Im Fall aber ke
liche Erben hinterblieben, sollte das ält
lein das Vorrecht der Regierung ha
die übrigen unterhalten und aussteuren.
sehung solches alten Erb-Vertrages
hinzu die neue Schwesterliche Vereinig
für die jüngste Schwester, als welche n
gern hätte vorlieb nehmen müssen, sehr
haft war. Es ward der Berumsche
noch in diesem 1600ten Jahr den 19 (
Kayserl. Majestät confirmiret und bestäti
Dieser Zeit an ist das Gräfliche Ostfriesisc
pen geändert worden qq).

§

qq) Ibid. it. An die Römisch. Kayser
stät allerunterthänigste Deductio ta
tatis quam Iniquitatis gravaminum

§. 12.

Das itzige Ostfriesische Wappen.

Vorhin brauchten die Ostfriesischen Regenten nur bloß eine güldene Harpye im schwarzen Felde mit einer Krone auf dem Haupte und vier güldene Sternen, deren zweene über die Achseln, [z]eene unter den Klauen zu sehen waren. Allem Vermuthen nach ist dis das Stamm-Wappen es Hauses von Circksena gewesen, anerwogen h in alten Documenten gefunden, daß Graf Ulrich schon dis Wappen geführet, ehe er in den Gräfflichen Stand erhoben, und mit Ostfrieß[land] belehnet worden. Nunmehro aber ward [d]is Ostfriesische Gräffliche Wappen sechs-feldig. [I]n dem 1 Quartier blieb die Harpye in itziger [re]chter Form. In dem 2 Quartier ward ge[setz]et ein güldner Adler im rothen Felde, welcher [au]ff dem Kopf, wie auch auf jedem Flügel eine [Cr]one hat, und bezeichnete die Succession des [H]auses vom Broeck, oder Broeckmer- und [J]uricher-Land. Im 3 Quartier findet sich
ein

Sachen des Hochgeb. Herrn Grafen Enno Ludwichs, Grafen und Herrn zu Ostfrießland contra den Durchl. Fürsten und Herrn Gundacker von und zu Lichtenstein &c. in puncto Revisionis Ao. 1653. lit B i, & ii.

ein rother Balcke (oder wie andere w
rothe Binde) mit 6 silbernen und güld(
ten wechselweise gesetzet. Eine halt
Rante machet den Anfang, und endig
Reihe. Oben sind zween und unten n
der blauer Mond, welche die Hörner
kehren. Alles ist in einem silbern Feld
ziehlet zum Theil, so viel das erste
das Ober- und Nieder-Ledinger L(
Theil aber auf das Geschlecht von Ma(
davon des ersten Ostfriesischen Grafen
ter Geka eine Erbtochter gewesen. I(
tier ist ein silberner Löwe mit einer güld
umbgekehrten Crone um den Hals i
Felde, andeutend die Prätension, w
Gräfliche Ostfriesische Haus auff die He(
Jever hat, sowol wegen der Kayserlic
lehnung, als nahen Verwandschafft.
Quartier springet ein schwarzer Bär n
güldenen Halßband, silbernen Zung un
im güldenen Feld, wegen der Herrschaf(
Im 6 Quartier erblicket man endlich
einander gelegte güldene Peitschen im bl
de, wegen der Herrschafft Wittmu(
auff den Wapen stehen 3 offne gekrönte
Der mittelste trägt zween schwarze Fe(
vor welchen eine güldene Lilie zu sehen i
zur rechten Seite hat einen halben güld(
ler zwischen zween rothen Flügeln.

unter der Gräflichen Regierung. 235

inken zeigt eine blaue Lilie, begleitet von 2 Peitschen. Die Helmdecken sind zur rechten Gold und roth, zur lincken blau und Gold, in der Mitten schwartz und Gold rr).

§. 13.

Ein sehr harter Winter.

Zu der Zeit, da, wie vorhin gemeldet, die Huldigung zu Esens vor sich ging, war eine gar harte Winter-Kälte. Den 23 und 24 Jan. war ein so strenger Frost eingefallen, daß ich in einer Nacht das Eis einer halben Elle ick gesetzet hatte. Im Februario sind Leute mit Pferden und Wagen, die beladen waren, von Amsterdam über die Süder-See und den Dollart nach Gröningen und Embden gefahren. Der Winter hielt stark an, so daß noch drey Tage vor St. Petri Stuhlfeyer man über die Embs fuhr. Und ob gleich der Frost mit der Zeit seine äuserste Strenge in etwas verlohr, so blieb es doch im Martio, April und Majo beständig kalt, und wehete der Wind stets aus Nord-Osten. Vier Tage vor Pfingsten schneiete es noch. Und auf dem Pfingst-Tage war
noch

rr) S. H. S. Durchläucht. Welt 323. 324.

noch kein Gras in den Vennen oder
auch war keine Blüte auf den Bäumen
auch viel Vieh für Hunger starb. 2
schen Dencken war ein solcher Winter
wesen ss) Und die Frühlings-Zeit n
Frühling gleich, weil selbst der angene
ohne Laub und Grün seinen Anfang n

§. 14.

Gr. Enno suchet die Embder dur
de und Freundlichkeit zu gewin

Nachdem nun also vorerzehlte Huldig
Ostfrieß- und Harrlinger-Land vo
gangen, war jedermans Wunsch und
gen, daß die künftige Regierung möcht
lich und in Frieden geführet werden, wi
nige der Ostfriesischen Unterthanen da
Furcht und Hoffnung waren. Der H
suchte insonderheit durch freundlichen und
samen Umgang die Gemüther der Em
sich zu ziehen, wozu er bey dem Anfan
1600ten Jahres verschiedene Gelegenhei
Unter andern als der neue Rath in Emb

ss) B. *Elsenii* Denckw. Begebenh. p.
tt) *Wicht* p. 282.

7ten Januarii introduciret ward, der eingeführ-
ten Gewonheit nach, und auf dem Rathhause
das Freudenmahl gehalten ward, worauf der
Gräfliche Cantzler Thomas Frantzius und Baron Wilhelm von Kniphausen als Gräflicher
Land-Rath wol tractiret wurden, kam gegen
Abend der Herr Graf mit seinem Herrn Bruder Gustaf auch aufs Rathhaus, und erwieß
sich gantz gnädig und fröhlig uu). Bürgermeister waren geworden Gerhardus Bolardus,
Luppo Sicken, Johann Ameling, Arend
Schinkel xx).

Wann auch der Herr Graf in den Concordaten des vorigen Jahres verheißen hatte darüber
zu seyn, daß eine gewisse Form der Lehre und
Ceremonien verfasset würde, Kraft welcher die
Lutheraner und Reformirten eine gute Harmonie
und Einigkeit der Kirchen halten könnten yy), so
ließ er nicht allein durch seinen Cantzler und den
Freyherrn von Kniphausen deswegen mit Menso
Alting reden, sondern er sprach auch selbst mit
ihm, seine Meinung darüber zu hören. Nechstdem hatte er ein Schreiben an Menso und seinen Collegen Daniel Bernhardi, wie auch an
die Pastores zu Wirdum und Ditsum, welches
ihnen

uu) Emm. in vit. Alting. p. 185. 186.
xx) Series Consul. Embdan.
yy) Concordat. §. 16. 17. p. 184. 185.

ihnen den 5 Jan. durch den Cantzler eingehändiget worden, ergehen laſſen, worin ihnen gnädigſt anbefohlen ward ihre Gedanken zu eröfnen: 1) Welches Exemplar der Augſp. Confeſſion dem göttlichen Wort und Symbolis der alten Kirchen am nächſten komme? 2) In welchen Puncten die Proteſtirende Theologi unter einander uneinig wären, und worauf jede Parten ſeine Meinung gründete? 3) Ob ſie nicht dafür hielten, daß eine ſolche Form der Lehre aufgerichtet werden könte, wornach man ſich im ganzen Lande zu richten hätte? und wie dieſelbe am füglichſten einzurichten wäre? 4) Was endlich ihre Meinung wäre von der Gleichheit der Kirchen-Ceremonien? Dieſes Reſcriptum ward vom **Menſone** und ſeinen Collegen auch den beiden andern benanten Paſtoren zugeſtellet zz.

Auf Seiten der Lutheriſch-Geſinnten ward **M. Jacobo Martini** und einigen andern Predigern ebenmäßig von Sr. Gnaden aufgetragen, über obige Puncten ſich zu erklären, und ein gewiſſes **Corpus - Doctrinä** aufzuſetzen worin nicht ſowol auf die Sächſiſchen Bekenntniſſe geſehen, als, was zum gemeinen Religions-Frieden in Oſtfrießland dienete, beobachtet würde. Dem M. Martini, als welcher hieben die Feder führen ſollte, geſchahen ſonderbare Verhei-

---

zz) Emm. in vit. Alt. p. 183-189.

heißungen der Ehren und Belohnung, wenn er
die Sache also dirigiren würde, daß beide Religionen zusammen gmeinet werden möchten. Dieser, als er das Werk antrat, sahe so wenig auf
Lohn und Ruhm, daß er vielmehr als ein gewis-
senhafter und in der Religion beständiger Mann
sein Bedencken dahin gab, und mit gewissen
Gründen behauptete, daß es unmöglich wäre
ohne Verletzung der Articul des Glaubens und
Gewissens ein solches Interim und Consensum
der Religionen zu wege zu bringen. Seine Be-
weisgründe die er aus Gottes Wort hergenom-
men, approbirten seine ihm zugeordnete Collegen, und ward also die Schrift mit einmüthiger
Bewilligung und Unterschreibung zu Hofe übergeben. Sie verdienete aber wenig Danck. Jacobus Martini insonderheit hatte für seine Bemühung nichts als Ungnade und Nachstel-
lung aaa).

Die gegenseitige Parten, Menso Alting
und seine Gehülfen, kamen den 28 Febr. mit
ihrem schriftl. Bedencken ebenmäßig ein; welches sie in Embden dem Cantzler Frantzio über-
schickten. In demselbigen antworteten sie auf
die vorgelegten Fragen, jedoch so daß sie ebenfalls

a) Scharffii Leich-Pr. über D. Iac. Martini, Personal. lit J. iiii l. Reusneri Programm. in
funus D. I. Martinini lit. L, 2.

falls gar wenig Lust bezeigeten zu einem neuen Corpori Doctrinâ, noch mit ihrem Gegenpart sich auf die Art einzulassen. Auch gefiel ihnen nicht, die Augsp. Confession und das Examen Philippi als eine Richtschnur der Lehre anzunehmen (welches der Canzler mündlich vorgeschlagen hatte) sondern hielten dafür, so eine wahre Einigkeit der Kirchen in Ostfrießland solte gestiftet werden, so müste der Embder Catechismus und die Bekenntniß, welche Ao. 1594 im Druck heraus gegangen, als ein Symbolum und Richtschnur der Einigkeit angenommen werden bbb).

Diese Antwort, weil sie zu dem Zweck des Herrn Grafen eben so wenig nützete, als die vorige der Lutherisch-gesinnten, erweckte gleichermaßen bey Sr. Gnaden und dero Cantzler eine Gemüths-Verdrießlichkeit, die aber um desto empfindlicher war, weil kurz vor der Einlieferung ihrer Schrift Sr. Gnaden hatte vorstellen lassen, daß Dero Durchl. Frau Mutter, Sie, und die übrige Gräfliche hohe Anverwandten wol gesinnet wären, die Leiche des Herrn Vaters christl. Gedächtniß von Aurich nach Embden hinzubringen, und in dem Erbbegräbnis daselbst mit Standesmäßigen Ceremonien beyjetzen zu lassen, wann keine Schwürigkeit gemachet würde, daß

bbb) *Emm.* in vit. Alting. p. 191-196.

daß ein Prediger der Augsp. Confession verwandt die Leichpredigt hielte; da dann um allen Anstoß zu vermeiden, daß Concept der Predigt zuvor eingeschicket und communiciret werden sollte; wozu sich aber das Ministerium nicht verstehen wollen ccc).

§. 15.

Zernh. Münsters Bürgemeister in Norden übeles Betragen.

Zu Norden ward etwa um diese Zeit Bernhardus Münsterus, Bürgermeister daselbst, der vor zwey Jahren mit dem Drosten cino und Secretario Brenneisen in Gräflin Verrichtungen nach Prag gesandt worden gen seines gottlosen und üppigen Lebens vom ienst gesetzet ddd). Er war ein aufgeblasener und stolzer Mensch, der von niemand etwas es sprach, und war auf 36 Artikeln angeklagt worden. Den 12 Martii wurden vom rn Grafen Ennone neue Bürgermeister bet, und zwar Hector Friedrich von Wicht I. U. D.

) Ibid. p. 194-196.
Apol. Embd. p. 173.

I. U. D. (welcher im vorigen Jahr Bürgermeister in Embden gewesen war) Hans Ricken und Otto Löring. Es wolten aber Ihr Fürstl. Gnaden Fr. Catharina, des Herrn Grafen Frau Mutter, den Doctorem Hector Friedrich nicht admittiren. Den 28 Martii wurden auf Befehl des Herrn Grafen Münsteri Güter inventiret und beschrieben, bevorab weil er mit etlichen Seeräubern, die zum theil in Embden enthauptet sind, Gemeinschaft ge[...], auch von Embden mit Zurücklassung seiner Hab sich heimlich nach Gröningen weggemacht hatte eee). Fast ein Viertheljahr hernach, [als] er zu Norden sich wieder eingefunden, die Norder von ihm ihre alte und wolher[...] te Privilegia. Nachdem er aber bekannt[...] er sie in Originali dem G[...] Frantzio zugestellet hätte, entstand [...] Verbitterung unter den Bürgern daß [...] schlagen wolten und war deswegen ein [...] Tumult. Einige gelindere Gemüther [...] es dahin, daß er aufs Weinhaus ge[...] selbst in Verwahrung gehalten, und [...] tern bewachet worden. Doch endlich [...] auf Fürsprache der Prediger, und a[...] schriftlichen Verpflichtung, das Entwendete [...]

der

---

eee) B. *Elsenii* Denckw. Begebenh. p. 20.

der herben zu schaffen, der Verwahrung entschlaf-
sen und wiederum losgelassen fif).

§. 16.

Graf Enno III. will die Klage der Reformirten Gemeine wegen eingedrunge-
ner Prediger untersuchen lassen.

Nachdem es, wie vorhin erzehlet, mit der
Vereinigung in der Lehre und Ceremonien
zwischen den Lutheranern und Reformirten
ht glücken wollen; gleichwol aber einige Un-
thanen im Embder- Gretmer- und Ortmer-
nt sich beschwerten, daß von weil. Herrn Gra-
Edzardo II. ihnen Lutherische Prediger auf-
rungen, derowegen anhielten ggg), daß von
. Gnaden nach der Zusage, so in den Con-
daten geschehen, sie derselbigen möchten entle-
t werden hhh): ging der Herr Graf damit
wie er dem Volck wilfahren möchte, weil
on seinen Unterthanen wider den Grafen von
Ol-

) Ibid. p. 21.
B. Elſenii Denckw. Begebenh. p. 21. Emm.
in vit. Alting. p. 196. 197.
Concordat. §. 26. 27. 28. p. 188. 189.

Oldenburg, Johannem XVI. iii), wider welchen er Krieg im Sinn hatte, Beistand begehrte und dem er den 18 Martz in der Herrschaft Jever den Immen-Zaun beym Fulffs-Wege durch anderthalb hundert Soldaten und Hausleuten hatte abreißen, die Graben einwerfen, der Erden gleich machen, und die darin gepflanzte Bäume verbrennen lassen kkk), gleich wie dessen Herr Vater Edzardus Ao. 1597 den 16 Julii eben dergleichen gethan lll). Nun ernante Sr. Gnaden zu solchem Zweck, dem Volk gefällig zu seyn, einige Visitatores aus beiderley Religion und von gleicher Anzahl, zweene aus der Ritterschaft, und zween Prediger, unter welchen Menso Alting der eine war, überdem aber Doct. Hector Friederich, der zwar auch ein Lutheraner, jedoch beiden Parteyen geneigt war. Diese wurden zwar bereits im April ernannt, ihre Verrichtung aber kam nicht sofort zum Effect, theils weil die Gräfl. Commissions-Briefe nicht zulänglich, und nach dem Willen der Visitatoren eingerichtet waren, theils weil des Herrn Grafen Fr. Mutter, wie auch der Cantzler Frantzius mit der Sache nicht wol zufrieden waren, und es für unrühm-

iii) Enam. in vit. Alting. p. 197.
kkk) Hamelm. Olbenb. Chron. in Append. p. 493.
lll) Ibid. p. 483.

rühmlich hielten, daß Sr. Gnaden ihre eigene
Religions-Verwandten gleichsam verfolgen wolten. Es ward auch von dem gantzen Werck
nichts, biß sie alle beyde die Gräfl. Fr. Wittwe
und der Cantzler aus dem Lande gereiset waren mann).

§. 17.

Das Collecten-Werck gibt allerhand Mißhelligkeit.

Immittelst ward im Junio ein Landtag zu
Aurich gehalten auf welchem das Collecten-Werck in Stand solte gebracht werden
dzu auch bereits im vorigen Jahr den 4 Dec.
ollectores erwehlet waren. Da man nun den
ortrag gethan, daß man sich de contribuen-
modis mit einander besprechen wolte, weiger-
sich der dritte Stand von dieser Materie zu
echen oder sich einzulaßen, ehe und bevor nach
Zusage in den Concordaten die aufgedrunge-
Prediger abgeschaffet, die Special-Gravamina

m) Emm. in vit. Alting. p. 187. 188. 197.
198.

na abgethan, und eine aufrichtige Rechnung und
Liquidation aller Landschulden gemachet wären,
ihnen auch von Sr. Gn. ein Revers gegeben würde, daß wenn die Lasten des Landes abgethan,
die Collectation gleichfalls aufhören sollte. Die
andern beiden Stände baten, weil sie doch bey
einander wären, die Sache vorzunehmen, um
Zeit zu gewinnen, und vergebliche Kosten zu vermeiden, und also ließen sie sich dazu bereden, eine vorläufige Berathschlagung zu halten. Die
Vorschläge wurden pro memoria aufgeschrieben.
Der Freyherr **Wilhelm** von Kniphausen
nam das Papier mit sich, dem Herrn Grafen
die vorgeschlagene Puncten vorzuweisen. Zu
Hofe ward dis als ein völliger und richtiger Landtags-Schluß angenommen, und nach gepflogener Ueberlegung mit den Land-und Hofräthen ein
Edict gedruckt, und öffentlich publiciret, worin
nach Einhalt der gefasseten (wiewol nicht unterschriebenen) Resolution die Licent von Rocken,
Waitzen, Saltz, Maltz, und andern Waaren,
eingeführet werden sollte. Dieses Edict ward
den 22 Junii von allen Cantzeln publiciret, und
an gemeinen Oertern angeschlagen. Die Gemeinen wurden hierüber sehr bestürtzt, und wurden die Placaten zusamt den Listen zu Norden
und andern Orten durch unbekannte Hände abgerissen. Das Werck ist auch vor die

Stecken gerathen, weil Embden und Norden sich
nebst andern dawider gesträubet haben n).

§. 18.

Verschiedenes Inhalts.

Des nächstfolgenden Tages nach Publication
des itzt berührten Edicts, nemlich den 23
Junii reiseten Ihro Fürstl. Gnaden die Frau
Mutter des Herrn Grafen mit den beiden Fräu=
lein **Sophia** und **Maria** von Berum nach
Durlach. Sie namen erstlich ihren Weg nach
Hamburg. Von dannen reiseten sie nach Wit=
tenberg, woselbst hochgemeldete Fürstinn wegen
der Ostfriesischen Religions=Sache mit den dasi=
gen Theologis sich besprach. Endlich vollfüh=
rete sie ihre Reise nach Durlach ooo).

Auch zog der Baron **Wilhelm von Knip=
hausen**, itziger Zeit Drost in Embden, auf
Gräflichen Befehl nach Prag, um von dem Kay=
ser **Rudolpho** II. für den Herrn Grafen das
Lehn

---

n) Emm. in vit. Alting. p. 198. Embder
Vorläuffer lit. B. 3. 4. Erläuterung des
Vorläuffers p. 53-57. Apolog. Embd. p.
257. *Elsenii* Denckw. Begebenh. p. 20.
o) Elsenii Denckw. Begebenh. p. 21.

Lehn wegen Ostfrießland zu empfahen, ihn begleitete der Cantzlar **Frantzius**, und assistirte ihm in seinen Verrichtungen daselbst. Auch war ihnen zugeordnet **Peter de Vischer** gewesener Bürgermeister in Embden und ein Secretarius ppp). Schon vor einigen Monaten war **Wilhelmi** Bruder, der Baron **Jco von Knip-hausen**, nach Brüssel gesandt, um von dem Ertz-Herzog **Albrecht** von Oesterreich, Gouverneur der Niederlanden, im Nahmen des Königs von Spanien, das Lehn einzunehmen wegen der Herrschaft Esens, als welche Graf **Enno** von seinen Fräulein Töchtern erzehltermaßen an sich erhandelt hatte qqq). In Abwesenheit des Baron **Wilhelms** trugen Sr. Gn. dem Bürgermeister **Gerhardo Bolardo** die Aufsicht und Administration der Justitz über das Haus und Amt Embden auf, solches als Vice-Drost zu verwalten. Die Embder aber wolten ihm solches nicht zustehen, und fingen von der Zeit an seine Person verdächtig zu halten rrr).

§. 19.

ppp) *Emm.* in vit. Alting. p. 198. P. v. W. Verhæl &c. lit E. Erleuterung des Embdisch. Vorläuffers p. 116. Apol. Embd. p. 289. Thom. Frantzii getreuer Rath p. 54.

NB. Die Noten qqq und rrr fehlen im Mscpt.

Die Herausgeber.

§. 19.

Die aufgeschobene Unterſuchung wegen der aufgedrungenen Prediger gehet vor ſich.

So bald die Gräfliche Fr. Mutter und der Cantzler Frantzius aus dem Lande waren, [gi]ng das Gericht über diejenigen Prediger an, [di]e bey ſolchen Gemeinen ſtunden, darin die Re[fo]rmirten die Oberhand hatten. Ihr Verbre[ch]en war, daß Graf Edzard ſie berufen, und [ſol]chen Gemeinen vorgeſtellet hatte, die ſich jetzt beſchwereten, daß ſie dieſelbe aufgedrungener [W]eiſe annehmen und dulden müſſen. Den letz[ten] Tag Junii erhielten die Viſitatores ihre Or[dre] zu Embden, alle Mittwochen in Aurich zu [erſ]cheinen, daſelbſt ein Conſiſtorium zu formiren, [die] Sachen vorzunehmen, und nach Befinden [die] Gemeinen von ihrer Klage zu befreyen. Den [2.] Julii, als am Feſt der Heimſuchung Maria, [kam]en ſie zum erſtenmahl in Aurich bey einander. [Die]ſe Gerichthaltung continuirte wöchentlich bis [zu]m Anfang des Monats September, innerhalb [wel]cher Zeit Menſo Alting ſein Beſtes that, daß [die] Lutheriſchen Prediger bey den klagenden, oft[ma]hls aufgewiegelten Gemeinen abgeſetzet wur[den.] Es hielt ihn auch nichts von dem Zwi-

Q 5 ſchen-

schenreisen zwischen Aurich und Embden ab, die Werck zu befördern, ohne nur daß er innerhalb der Zeit eine kleine Reise nach Gröningen that sss). Und also wurden die Pastores zu Hinte, Uttum, Hatzum, Grimersum, Grothusen, und an andern Orten, nachdem sowol Prediger als Gemeine verhöret worden, zum sonderbaren Leidwesen der Evangelisch=Lutherischen Kirchen, abgedanckt. Die Reformirten waren voller Freuden, daß sie ihren Zweck erreichet hatten ttt). Ihrer viele aber unter den Gemeinen, welche die Beurlaubung ihrer treuen Prediger ungerne sahen, schalten und fluchten auf Menso Alting. Ja es ward ihm hin und wieder im Lande alles Uebel angewünschet. Seiner ward auch oft in Schriften vor Gericht gar hart gedacht, worüber er sich bey dem Baron Jco von Kniphausen, als welcher von Brüssel schon wieder kommen war, heftig beschwerete, und ein Gräflich Verbot dawider auswirckte uuu).

§. 20.

sss) *Emm.* in vit. Alting. p. 198-201.
ttt) *Elsenii* Denckw. Begebenh. p. 21.
uuu) *Emm.* l. c. p. 201.

§. 20.

Der Hofprediger M. Petrus Heß nimt Abschied vom Hofe.

Ehe und bevor es so weit kam, daß diese Händel in Kirchen-Sachen ihren Anfang gewonnen, danckte der Hoffprediger M. Petrus Heß zu Hofe ab, weil er nach Mutschen, einer Stadt 4 Meilen von Leipzig gelegen in der Grimneschen Diœces berufen war, woselbst er noch 5 Jahr das Amt des Herrn getreulich und mit Ruhm verwaltet hat, bis er Ao. 1606 den 18 November selig im Herrn entschlafen. So rief ihn Gott vor einer solchen Zeit vom Hofe hinweg, die ihm als einem Hofprediger nicht anders als beschwerlich hätte seyn können. Es war unmehro ins zehnte Jahr, daß er die Hofprediger Stelle und Inspection über die Kirchen verwaltet hatte xxx).

Von ihm und dem D. Selneccero muß ich hie beyläufig eine denckwürdige Historie erzehlen. Als zu den Zeiten Christiani I. Churfürsten zu Sachsen der Cantzler Doct. Nicolaus Crell nebst seinen Gehülfen den Exorcismum abschaffte, eine heimliche Religions-Ver-
ände-

xx) Georg Weinrichs Leichpred. über M. Petrus Heß lit. C iiii & D.

änderung vorhatte, Prediger die seiner Meinung waren, beförderte, die übrigen Prediger aber heftig verfolgte yyy), brachte eben derselbige es dahin, daß Doct. Nicolaus Selneccerus damahls Superintendens in Leipzig, Ao. 1589 von seinem Dienst abgesetzet ward. Bald hernach muste M. Petrus Heß, welcher an die 30 Jahr in Leipzig gestanden, auch wandern zzz). Dieser traf bey seinem Exilio den D. Selneccerum zu Magdeburg an, der unter andern Trostworten mit einem behertzten Muth zu ihm sagte: Mein lieber Herr Gevatter, ihr werdet sehen, Gott wird uns noch wunderbarer Weise wiederumb gen Leipzig bringen, und uns da unser Ruhebettlein haben lassen, wenn unsere Feinde und Widersacher, die itzo hoch am Bret seyn, und uns unverschuldeter Weise verfolgen helffen, entweder das Land werden mit den Rücken ansehen, oder sonst eines schmählichen Todes sterben aaaa).

Dis Prognosticon des sel. Selnecceri, Doct. Lutheri wahren Nachfolgers, und be-

---

yyy) Nic. Blumii Leichpred. über den enthaupten D. Nicol. Crell. p. 28-42.
zzz) Arnolds Kirchen und Ketzer-Hist. 2 Th. lib. 16. cap. 32. §. 24. p. 397.
aaaa) Weinrichs Leichpred. lit. A iiii.

ändigen Bekenners der Warheit, ward von
Gott sonderbar erfüllet. Im zweyten Jahr her-
ach), Ao. 1591 den 25 September starb hoch-
edachter Churfürst zu Sachsen, da dann Her-
og Friedrich Wilhelm, Administrator des
hurfürstenthums ward. Dieser ließ den 17ten
lovember vorgedachten Cantzler Crellium nach
önigstein führen, Selneccerum aber berufen,
ß er mit andern Theologis Chur-Sachsen wie-
rum säuberte. Also ward er wieder Superin-
ndens in Leipzig, und konnte das Gerichte
ottes über seine Feinde sehen, wie sowol sonsten,
s durch die Visitation, sie das Land räumen
ußten bbbb). Den 27 May Ao. 1592 starb
zu Leipzig, und wurden seine Gebeine daselbst
rlich beygesetzet, gleich wie er vorhin gesaget
tte cccc). M. Petrus Heß hatte in Ost-
eßland, wohin ihn Gott durch sonderbaren
uf gezogen, seine ungehinderte Amts-Ver-
altung, und dabey die Gnade seiner Herrschaft,
d konte sich zu solcher Zeit in der Ferne über
die

bb) Arnold l. c. §. 25. p. 397.
cc) Ioh. Micræl. Hist. Eccl. lib. 3. sect. 2.
qu. 48. p. 782. 783. G. M. Königii Biblio-
thec. p. 746. B. Elsen. Denckw. Begeb.
p. 9. Conf. de vita Selnecceri Melch Ada-
mi vitas Theolor. Germanorum. it. Freheri Theatrum Viror. eruditione claro-
rum.

die Verhängnisse des Höchsten verwundern dddd). Als er aber nunmehro wieder in Sachsen berufen ward, erlebte er allda, daß der bittere Priesterfeind Crellius im folgenden Jahr, nemlich Ao. 1601 den 9 October zu Dresden auf dem Juden-Hof enthauptet ward eeee). Nach der Zeit fügte es sich, daß des M. Hessen Stiefsohn in Leipzig sich verehlichte, und er zu dem Ende auch den 9 November Ao. 1606 daselbst auf geschehene Einladung sich einfand, demselbigen die Väterliche Liebe zu erweisen, und dem Gebet und christlicher Copulation mit beyzuwohnen. Er fiel aber nach der Hochzeit sofort in ein Fieber, welches ihn, als einen Mann von 76 Jahren, und der schon entkräftet war, in wenig Tagen aufgerieben. Und also funden seine Gebeine in Leipzig ebenfalls ihre Ruhe, zumahlen er daselbst den 21 November bey volkreicher Versammlung zur Erden bestätiget worden fff).

§. 21.

dddd) Weinrich. Leichpred. lit. C. fiii.
eeee) Arnold. Kirchen- und Ketzer-Hist. 2 Th. 16. Buch cap. 32-36. p. 399-401. Nic. Blumii Leichpred. p. 46-51.
fff) Weinrich Leichpred. lit. D ii. Programm. Rectoris Academ. Lips. Concioni Funebr. annex.

§. 21.

Das Hochgräfliche Fräulein, Fr. Christina Sophia wird gebohren. Nebst andern Nachrichten.

Innerhalb der Zeit, daß die Untersuchung der eingebrachten Klagen wider die Lutherischen Prediger und deren Abdankung vor sich ging, trugen sich in Ostfrießland folgende Dinge zu: Dem Gräflichen Hause ward den 23 Julii zu Aurich ein Fräulein gebohren, welches bey der H. Taufe **Christina Sophia** genennet worden, so nachmahls in ihren erwachsenen Jahren mit Land-Graf **Philipp** von Hessen vermählet ggggg).

M. **Jacobus Martini** stellete den 19ten August zu Norden eine öffentliche Disputation de Raptu primi mobilis & reliquarum sphærum, de Altitudine & Magnitudine corpo- solaris, de viribus & efficacia Stellarum, item de Providentia Dei & Exordio Mundi. Die Theses hatte er zu Embden drucken, und wol Feinde als Freunde ad Disputandum einen lassen. Dieser Actus disputatorius vergrösser-

---

g) *Wicht* Annal. p. 283. *Ravinga* scribit. d. 24 Iunii. Ostfr. Chron. p. 110.

grösserte den Ruhm seiner Gelehrsamkeit bey den Einwohnern dieses Landes hhhh).

Den 23 August kamen zu Embden einige Abgesandten des Königs Schach Abas aus Persien angesegelt, welche durch Wetter und Wind an Ostfrießland angetrieben waren. Sie waren ausgeschickt mit dem Römischen Kayser Rudolpho II. ein Verbündniß wider die Türken zu machen. Da sie nun von ihrem Ort ausgegangen, hatten sie sich zu Schiff über die Caspische See gemacht, und weiter ihren Weg durch den Wolga-Fluß nach Moskau genommen, unter welchem Volck sie große Anfechtungen gehabt. Von dannen waren sie durch Littau in Preußen gereiset, und hierauf ferner zu Schiffe nach Hamburg gegangen. Als sie nun ihre Reise nach Böhmen fortsetzen wolten, waren sie hiesiges Orts durch Ungestüm angeschlagen. Zu Embden wurden sie von dem Herrn Grafen gar höflich und herrlich tractiret iiii). Auch notifi-

---

hhhh) B. Elsenii Denckw. Begebenh. p. 21.
iiii) *Wicht* Annal. p. 282. B. Elsenius opinatus est, legatos hos a Rege Persarum Mahomet Hedabindi (Chodabende) missos fuisse. Denckw. Begebenh. p. 21. 22. Sed docet Olearius, Schach Muhammet Chodabende jamdum Ao. 1585. vita esse defunctum,

icirte Sr. Gn. ihre Ankunft und das Absehen
rer Reise an Ihro Kayserliche Majestät, und
ß sie damit weiter fortziehen. Allein ihre
urchreise verursachte eine Gelegenheit zu einer
chmahligen Unlust. Denn es erfolgte den 2
:tober von Kayserl. Majestät eine solche Ant-
rt, daran dieselbe zu verstehen gaben, daß sie
er gesehen hätten, daß man diese frembe Gä-
ngehalten, als daß man ihnen freyen Durch-
vergönnet hätte. Auch war der Befehl hin-
ehänget, daß man künftig solche frembe Leu-
icht mehr durchs Reich passiren lassen sollte.
erhaltenem solchen Kayserl. Befehl ließ Sr.
den ein Mandat an Bürgermeister und Rath
mbden ergehen, daß sie ihm, wann er zugegen,

functum, & filium ejus natu minimum Schach
Abas Myrsa hoc tempore regnasse. Persi-
anisch. Reisebeschreib. lib. 5. cap. 30. p.
639. Rex hic tyrannica licet asperitate
usus sit erga filios, quorum duos visu, ter-
tium vita privavit ex mera supicione; sub-
ditorum tamen fuit amantissimus, & Chri-
stianorum amicus. Obiit Ao. 1629. Olearii Persianische Reisebeschreib. lib. 5. cap.
31. 32. p. 641-653. Becmanni Hist.
Orbis terrar. Part. 2. cap. 11. §. 4. p.
53. Ioh. de Laet Persia Part. 1. cap.
. p. 187. seqq.

R

gegen, oder seinen Drosten alle Abend ein Tage-
zettel zusenden sollten, auf daß Sr. Gnaden wüsten, was für Fremde in die Stadt kämen. Die
Embder weigerten sich dessen, und appellirten von
dem Gräflichen Mandat ans Cammer-Gericht
zu Speyer. Der Herr Graf aber ließ die Sache an den Kayserl. Hof gelangen kkkk).

§. 22.

Landtag, worauf von einer neuen Schatzung proponiret wird.

Auf dem 9 September dieses 1600ten Jahres
war ein Landtag ausgeschrieben, auf welchem zu Embden, als woselbst er gehalten ward,
wegen des Herrn Grafen proponiret worden:
Fürs erste; daß die Stände, sowol zu Able-
gung der restirenden Türcken-Reichs-und Kreis-
Steuren, als auch der verlaufenen Besoldung
der Bedienten am Hofgericht, eine Schatzung
von

---

kkkk) P. v. W. Verhael. lit. H i. Erläuterung
des Embd. Vorläuffers p. 140. 141. Abdruck Kayserl. Majest. Citationen, Proces-
sen, Mandaten &c. wider die Ao. 1602 geschehene Embdische Empörung lit. E i, ii. gedruckt zu Aurich 1602.

von 20570 Rthlr. etwa verordnen, und unverzüglich aufbringen wolten. Fürs andere; weil der Graf zu Oldenburg gewaltsamer Weise seine Grentzen und Pfahlen mehr denn in die andert halb Meilweges erweiterte, auch mit einem neuen Wasser-Gebäude dieser Graffschaft großen Schaden zufügte, daß die gemeine Landschaft solche Gewalt abzuwehren Sr. Gn. getreulich beyspringen möchte, zumahlen Sr. Gn. entschlossen wären, das Aeußerste, ja Gut und Blut dabey aufzusetzen. Endlich ward auch von dem andern und dritten Stand begehret, daß sie ihre in dem engern Ausschuß Deputirte mit vollenkommener Macht in diesen und dergleichen Dingen zu handeln versehen und ausrüsten möchten. Nach zween Tagen kamen die Stände mit ihrer Antwort ein. Die Ritterschaft war mit Sr. Gn. völlig ein. Der andere und dritte Stand aber waren der Meinung, zu förderst daß zwar mentionirte Schulden billig müsten bezahlet und getragen werden, allein weil schon einige Schatzungen zu diesem Ende ergangen, verlangten sie, daß sowol der Pfennig-Meister als die Gräfliche Beamten, welche die Hebung gehabt, vorher ihre Rechnung ablegen, und von der Hebung und Ausgabe Rechenschaft geben sollten, damit die Restanten könten untersuchet und eiligst eingetrieben werden; imgleichen daß weil die neuen Collecters einige der vorigen Schatzung gehoben

R 2   zum

zum Unterhalt des Hofgerichts, diese ebenfalls und die Einnehmer der Capital-Schatzung Rechnung thun sollten. Nechstdem, so viel die Irrungen zwischen Sr. Gnaden und dem Grafen von Oldenburg anlangte, würde es am besten seyn, daß sie durch gerichtliche oder gütliche Mittel abgethan würden; im Fall aber solches nicht geschehen könte, und eine Gegenwehr von nöthen wär, so wolten sie lieber nach eingerichteten Kluft-Ordnungen selbst zur Wehr greifen, als auf fremde Soldaten viel Geld verspildern, welches auch nach dem alten löblichen Gebrauch der Friesen ehrlich seyn würde. Nach ein oder anderer Ueberlegung reiseten die Versammlete wieder an ihren Ort, mit den Ihrigen Rücksprache zu halten, und kamen den 18. September wiederum in Embden bey einander, da es denn endlich dahin gekommen, daß Committirte geordnet, welche dem Pfennig-Meister die Rechnung abgenommen. Darauf ist nachmahls eine Schatzung beschlossen von 3 Stüber Brabandsch auf jedes Gras Landes und nach Gebühr auf das Vieh und sonsten, welches als ein gemeiner Landtags-Schluß aller Stände dem Herrn Grafen eingehändiget worden IIII).

§. 23.

―――――

IIII) Apol. Embd. p. 264―― 274. Emm. in vit. Alting. p. 202.

§. 23.

Die Ostfriesischen Stände sind wegen der Gelder unter einander uneins.

Die Ritterschaft war mit dieser ganzen Landtags-Handlung nicht wol zu frieden, theils weil bey der Schatzung sie mit in Anschlag gebracht, theils weil das Collecten-Werck, so man vorhatte, mehr gehindert, als befördert worden. Ueberdem so beschwerte sie sich den 20 September schriftl. über die Stadt Embden, daß sie unter sich eine einseitige neue Bürgerliche Zulage angerichtet hätten, mit Bitte, der Herr Graf möchte dieselbe ernstlich verbieten, und die Embder dadurch anhalten, daß sie zu dem, was um Nutz des Gemeinen Besten berathschlaget und beschlossen wäre, desto eher beystimmten. Also erging den 23 September deswegen an Bürgermeister und Rath in Embden ein Gräflicher Befehl, in welchem die Klage der Ritterschaft mit beygelegt war. An eben diesem Tage reiste der Herr Graf von Embden hinweg, und kam auch in einigen Wochen nicht wieder dahin. Demnach auch der Herr Graf zu Vermehrung einer Intraden auf allen Gütern des Englischen Handels, so dazumahl in Emden sich niedergelassen, schon von einiger Zeit her einen Zoll legen wollen, solches aber auf unterthäniger Intercession von Bürgermeister und Rath unterwegens geblieben, so ließ er nunmehro bey seiner Abreise dem hiezu verordneten Zöllner die Order den Zoll einzunehmen. Sowol dieses als das vorige suchten die Embder durch ein Schreiben, welches sie dem Herrn Grafen nachsandten, abzulehnen mmmm). Diese und andere Sachen blieben stille stehen bis zu der verhoffentlich-baldigen Wiederkunft des Baron Wilhelms von Knyphausen und Thomä Frantzii aus Prag; Nur daß der Herr Graf den 23 November ein Mandat von allen Cantzeln abkündigen ließ, daß auf Bewilligung und Consens der Ritterschaft samt andern Vernünftigen beliebet worden, daß an Statt der dreyen Stüvern, welche neulich zu Embden eingewilliget worden, nunmehro sollen 6 Stüber für ein jedes Gras Landes, und vom Vieh nach seiner Quota, sub poena dupli bezahlet werden, gestalt dann solches aus hoher Obrigkeitlicher Macht ernstlich befohlen würde nnnn). Einige Tage hernach erhub sich der Herr Graf Enno von Esens, woselbsten er einige Wochen das Hoflager gehalten, nach Embden, und kam daselbst den 29ten November. Des folgenden Tages, so da war das Fest Andrea,

mmmm) Apol. Embd. p. 269. 274-286.
nnnn) Ibid. p. 289——291.

funden sich Baron **Wilhelm** von Kniphausen und der Cantzler **Frantzius** aus Prag bey
dem Herrn Grafen in Embden wieder ein, worüber derselbige sehr erfreuet war. Den 1 December kam auch der Hofstaat auf hinterlassenem
Befehl des Herrn Grafen in die Stadt Embden oooo).

§. 24.

Von des Canzlers Frantzii getreuem Rath oder sogenanntem Testament,

Vorher ehe **Frantzius** nach Prag ging, hatte er dem Herrn Grafen eine Schrift hinterlassen, welche er seinen **Getreuen Rath** nannte,
wie eine beständige feste Regierung in Ostfrießland einzuführen sey, welche nach einigen Jahren den Embdern in die Hände gekommen, und
war, wie berichtet wird zu der Zeit, da sie Ao.
609 einen Einfall in Aurich gethan, und die
Burg ausgeplündert haben pppp). In Ostfrießland wird diese Schrift insgemein **Frantzii**
Testament genannt, ohne Zweifel wegen des
Anfangs im Schreiben, worin er diese Worte
hat,

oooo) Emm. in vit. Alting. p. 203.
pppp) Emm. in vit. Alting. p. 205.

hat, daß weil die Zeit herannahete, daß er sich aus dieser Graffschaft ins Land Meissen (von dannen er hernach weiter gezogen) sich erheben müste, und ungewiß, ob ihm nicht etwas menschliches begegnen möchte, ehe er hiesiges Ortes wieder anlangte, so hätte Sr. Gnaden er hiemit dies sein schriftliches Bedenken hinterlassen, und darin eröffnen wollen, durch was Mittel Er. Gn. die Landes-Regierung zu einem geruhigen Stande bringen könten. Man siehet aus der gantzen Schrift wol, daß er ein kluger Staats-Mann gewesen, der aber sich auch kein Gewissen gemachet, Machiavellische Kunstgriffe unter seine Rathschläge mit unter zu mischen.

Wir wollen ein oder andere Vorschläge anziehen, welche er gewolt, daß sie Zeit seiner Abwesenheit, zum theil auch fernerhin, beständig in Acht genommen würden qqqq).

Zuförderst gibt er den Rath im Punct der Oberherrschaft, daß S. Gn. der Frau Mutter auf ihrem Wittwensitz Norden und Berum, wie auch in der von ihr ehmahls angekauften Herrschaft Pewsum, keine absolute Regierung gönnen, sondern Dero Macht einschräncken möchte, weil solches zur Vermehrung von Sr. Gnaden

---

qqqq) Thomæ Frantzii Getreuer Rath, wie eine beständige feste Regierung in Ostfriesland einzuführen sey. p. 3. 4.

den Hoheit und Ansehen diente; zum wenigsten möchte er den Beamten **gewisse Leges** sezzen, wie weit, und worin sie der Frau Mutter zu gehorsamen hätten rrrr).

Zur **Verbesserung des Ostfriesischen Landrechts** schlug er vor den Hofrichter **Eger Beninga, Schweer von Oehlen, Focke Beninga aus der Ritterschaft**, Doct. **Hector Friederichs, Gerhardus Bolardus, und Amelingh** aus den Städten, **Amos Cruminga und Johann Düirkop** aus dem dritten Stand ssss).

Von der **Religions-Vereinigung**, die vorgewesen, und deßfalls von beiden Seiten im Anfang dieses Jahres eingekommenen Schriften, waren seine Gedanken, daß die Embdischen Prediger sich in Defectu verloffen hätten, indem sie die Augsp. Confession und deren Apologiam nicht ür Symbolische Bücher annehmen, sondern vielmehr ihren Catechismum und gedruckte Beänntniße als eine Norm des Glaubens und der Warheit aufdringen wolten, da doch die Augsp. Confession das einige Band ist, wodurch Ostrießland an den im heil. Römischen Reich aufgerichteten Religions-Frieden gebunden, zu dem ie sämtlichen Landsstände sich auf öffentlich gealtenem Landtage darüber erkläret hätten, daß

R 5 sie

rr) Ibid. p. 5-10.
ss) p. 15. 16.

sie keine andere Religion im Lande dulden wolten, als die der Augspurgischen Confession gemäß wäre: Die Theologi zu Norden aber (nemlich Jacobus Martini und seine Zugeordnete) hätten sich in Excessu verloffen, indem sie nicht in specie von den Streitigkeiten gehandelt, so zwischen den protestirenden Theologen über den rechten Verstand der Augsp. Confession entstanden, sondern auch andere Fragen die weiter giengen, und den Autoribus August. Confessionis unbekannt gewesen, mit eingemischet hätten. Der Durchl. Frau Mutter von S. G. gibt er Schuld, daß sie sich zu sehr in Religions-Sachen mischte, und deswegen die Norder und andere Lutheraner sich an ihr hängten, welches billig abzuschaffen. Endlich that er auch Vorschläge zur Vereinigung, nemlich daß die Gräfl. Räthe die Augsp. Confess. durchlesen, die eingebrachten Meinungen beyder Partheyen damit confriren, die Conclusiones oder Sätze, die mit der Confession nichts gemein haben, bey Seite setzen, die aber ex visceribus der Confession genommen, gegen einander halten, darauf aber die Theologi von beyden Parteyen vorfodern, und dieselbe ermahnen sollten, daß sie vermittelst einer freundlichen Unterredung sich über eine gewisse Form verglichen, woran sich beide Parteyen zu halten hätten, bis Gott zu mehrer Einigkeit Gnade geben würde; oder es müste solches auch durch eine...

ine Synode oder allgemeine Priester-Versamm-
lung ins Werck gesetzet werden. Solches könnte
alsdann ein Fundament seyn, worauf andere
gute Ordnungen gebauet würden, nemlich die Bestellung des Consistorii, die Einführung nützlicher
Visitationen, die Anordnung des Coetus, und
so weiter ttt).

Die aufgewiegelten und klagenden Gemeinen, die sich beschwerten, daß ihre Prediger zur
Ungebühr ihnen aufgedrungen worden, meinte er,
wären am besten zu stillen, wenn man entweder
sie mit ihren Pastoren gütlich vereinigte, oder nach
Befinden die Pastoren abdanckte, und sie anderwerts wieder beförderte, bevorab wenn man
sonsten nichts wider sie zu klagen hätte. Und ob
gleich die Durchl. Frau Mutter oder jemand anders wolte vorgeben, man müste den Bauren so
viel nicht einräumen, sondern ihnen den Kopf
bieten, und sehen lassen, daß sie einen Herren
hätten; so hielte er doch dafür, daß man der Zeit
weichen und den Unterthanen, deren Gutwillig-
keit man zu andern Sachen hoch benöthiget wäre,
zu gefallen leben müste. Melius enim, ut pe-
reat unus, quam unio. **Woraus zu erkennen, daß die Hinderung, welche er vorhin
machet, in Abdankung der Lutherischen
Prediger, entweder nur zum Schein und
der**

) p. 16—19.

der Durchl. Frau Wittwen zu gefallen, geschehen, oder aber, weil er gesehen, daß er nichts damit ausrichten können, deswegen von ihm geändert und eingestellet sey. uuuu).

Die Embder, hielt er dafür, wären nicht besser zu bendigen, als Mollicie & animorum Effœminatione, daß ihre Gemüther etwas weibisch und wollüstig gemachet würden, zu welchem Ende S. G. zu Hofe und in der Stadt die Music in Aufnehmen bringen, den Bürgern zu allerhand Panckten Ursach geben, allerhand Exercitia im Schiessen, Reiten, Ringrennen, Mummereyen, Comedienspielen, Ballschlagen, Stechen, Fechten, Tantzen, Ring- und Springkunst üben, und dergleichen allgemach einführen müsten, damit also die Bürger mit der Zeit von ihrer Frechheit abgewehnet würden xxxx).

Von Verbesserung der Stadt Aurich war seine Meinung, daß weil dieselbige denen wol gelegen, welche curâ & culturâ, item artificiis & mechanicis & propriâ industriâ sich ernehren, sie in kurzen würde zunehmen, und die Gräfliche Kammer dadurch nicht wenig würde gebessert werden, wenn die Zufuhr nach Embden und Norden mit Wagen oder zu Wasser bequem

ange-

uuuu) p. 20.
xxxx) p. 30——32.

angerichtet, die Gemeine mit einer guten Policey-
Ordnung versehen, und den Mechanicis oder
Handwerkern und Künstlern sonderbare Privile-
jia ertheilet würden. Diese und dergleichen Vorschläge sind in dem **Getreuen Rath des Fran-
zii zu finden,** davon das Original denen
Embdern nach der Zeit in die Hände gekommen yyyy).

§. 25.

**Vorgemeldter Rath des Canzlers Th.
Frantzii bewegte den Herrn Gr. Enno III
zu verschiedene Unternehmen.**

Nach solchem sogenannten getreuen Rath hatte
sich nun Graf Enno ziemlichermaſſen gerichtet in währender Zeit der Abwesenheit D.
Frantzii, als welches Beredsamkeit ihn gänzlich
eingenommen hatte. Daher wurden die Lutherischen Prediger hin und wieder bey denen Gemeinen abgesetzet, worin die Reformirten die
Oberhand hatten. Auch war in diesem getreuen
Rath die Frau Mutter dergestalt angeschwärzet,
und von ihr berichtet zzzz): Sie führte sich in
ihren

yyyy) p. 43.
zzzz) Emm. in vit. Alting. p. 205. seqq.

der Durchl. Frau Wittwen geschehen, oder aber, weil er g er nichts damit ausrichten kön gen von ihm geändert und ein uuuu).

Die Embder, hielt er dafür besser zu bendigen, als Mollicie & Effœminatione, daß ihre Gemüthe bisch und wollüstig gemachet würden Ende S. G. zu Hofe und in der St in Aufnehmen bringen, den Bürg hand Pancketen Ursach geben, allerh tia im Schiessen, Reiten, Ringren mereyen, Comedienspielen, Ballsch chen, Fechten, Tantzen, Ring- m Lust üben, und dergleichen allgemach müsten, damit also die Bürger mit d ihrer Frechheit abgewehnet würden x)

Von Verbesserung der Sta war seine Meinung, daß weil diesel wol gelegen, welche curâ & culturâ, ficiis & mechanicis & propriâ indust nehren, sie in kurzen würde zunehmen Gräfliche Kammer dadurch nicht we gebessert werden, wenn die Zufuhr na und Norden mit Wagen oder zu Was

---

uuuu) p. 20.
xxxx) p. 30——32.

angerichtet, die Gemeine mit einer guten Policey-
Ordnung verſehen, und den Mechanicis oder
Handwerkern und Künſtlern ſonderbare Privilegia ertheilet würden. Dieſe und dergleichen Vor-
ſchläge ſind in dem Getreuen Rath des Fran-
zii zu finden, davon das Original denen
Embdern nach der Zeit in die Hände gekommen yyyy).

§. 25.

**Vorgemeldter Rath des Canzlers Th.
Frantzii bewegte den Herrn Gr. Enno III
zu verſchiedene Unternehmen.**

Nach ſolchem ſogenannten getreuen Rath hatte
ſich nun Graf Enno ziemlichermaſſen gerichtet in währender Zeit der Abweſenheit D.
Frantzii, als welches Beredſamkeit ihn gänzlich
eingenommen hatte. Daher wurden die Lutheriſchen Prediger hin und wieder bey denen Gemeinen abgeſetzet, worin die Reformirten die
Oberhand hatten. Auch war in dieſem getreuen
Rath die Frau Mutter dergeſtalt angeſchwärtzet,
und von ihr berichtet zzzz): Sie führte ſich in
ihren

yyyy) p. 43.
zzzz) Emm. in vit. Alting. p. 205. ſeqq.

ihren Befehlen zu Norden und f
als wenn sie Regent im Lande
zu Loquard Paſtorem Tjard de
ret a). Sie trüge einen Abſch
Ordnung, regierete alles vor der
durch Perſonen, ſo zum Regin
und eines groſſen Herrn Reputat
lich wären, u. ſ. w. ſo daß au
Liebe und Aeſtim des Herrn So
Frau Mutter begunte wankend
Sie als eine kluge Frau hatte au
gung einiger Diſcurſen und ande
er bisher zu Papier gebracht, wo
hin er mit Rathſchlägen zielete, da
daß, als er nach Sachſen gien,
ron von Kniphauſen nach Pr
Durchl. Frau Wittwe ihm an d
Hofe ſo zuſetzte, daß er nicht wer
ſtürtzet ward. c)

Wie er im Anfang Septen
kam, und über die Form des Lehn-
Schwürigkeit ſich zu eräugen ſchie
letzten Lehn-Briefe alle drey B
worden, ſo arbeitete er dahin,

a) Frantzii Getreuer Rath p. 9.
b) Ibid. p. 34.
c) Vid. Epiſtol. Frantzii hinter
 Rath. p. 71.

Brief, der jetzund sollte ausgefertiget werden, auf des Herrn Grafen Person allein gerichtet, und der erste Lehn-Brief Kaysers **Friederici** III demselben inseriret würde d). Auch bemühte sich **Frantzius**, durch den Herrn Hanniwald in die Wege zu richten, daß Ihro Kayserl. Majestät dem Herrn Grafen die Admiralität über die Reichs-Ströme anvertrauete, von deren sonderbaren Nutzen, wann sie sollte aufgerichtet werden, er einen weitläuftigen Discursum Politicum aufgesetzet hatte. Er kam aber vor dismahl, so viel dis letztere betrift, unverrichteter Sachen wieder in Ostfrießland e), doch hatte der Baron **Kniphausen** das Lehn für den Herrn Grafen empfangen, und brachten diese Abgeordnete bey ihrer Wiederkunft mit sich drey in Sammet gewickelte Kayserl. Diplomata, und einen köstl. Türkischen Säbel, welchen Kayserl. Majestät dem Herrn Grafen verehret hatte f).

§. 26.

d) Jbid. p. 72.
e) Extractus Embdenf. ex D. Frantzii Discursu politico de Admiralitate it. Frantzii Epistolæ. Beides hinter dem Getreuen Rath p. 54-71.
f) Emm. in vit Alting. p. 204.

§. 26.

Vorgedachte gedoppelte Schazung gehet vor sich.

Mit dem hereintretenden 1601ten Jahr begunten sich auch neue Verdießlichkeiten zwischen dem Herrn Grafen Enno und seinen Unterthanen hervor zu thun. Es ist erzehlet, wie in dem vorigen Jahr d. 23. November von allen Cantzeln ein Mandat ergangen, worin aus hoher Landes-Obrigkeitlicher Macht den Unterthanen anbefohlen worden, anstatt der dreyen von den Deputirten in der Versammlung zu Embden eingewilligten Stübern, sechs Stüber für jedes Graß Landes, und vom Vieh pro quota aufzubringen sub poenâ dupli. Die Unterthanen waren zwar hierüber schwürig, weil eine solche Schatzung nicht eingewilliget war, sondern nur die Ritterschaft nebst denen Land- und Hofräthen sothane Steigerung gut geheissen hatten: jedoch weil man sich für die Execution fürchtete, ward von den meisten die Schatzung aufgebracht. Denen, die ungerne daran wollten und säumselig waren, ward sie durch die Execution abgetrieben.

Zu der Zeit nun, da der neue Rath in Embden von der Herrschaft confirmiret ward, funden sich einige Deputirte des Embder- und Gretmer-Amts in Embden ein, und überreichten den

den 9ten Januar eine Supplication und Protestation wider diese Schatzung und deren scharfe Eintreibung durch einen dazu erforderten Notarium. Dis aber ward zu Hofe gantz übel genommen. Und weil einige zu Süderhausen im Amt Embden sich verlauten lassen, wider die Execution sich zur Gegenwehr zu stellen, wurden ihrer vier, die man für die vornehmsten Aufwiegler ansahe, zur nächtlichen Zeit zwischen d. 19 und 20 Januar von ihren Betten mit Gewalt eholet, und des Morgens früh in Embden gebracht. Zweene davon Heycke Harrings und Beffel Berends ersahen ihre Gelegenheit, da sie in die Stadt kamen, und entsprungen. Die beiden übrigen wurden auf die Burg ins Gefängniß gebracht, woselbst sie 5 Monat gesessen, bis auf Fürsprache des Kayserl. Gesandten, welcher in Ostfrießland kam, wieder losgelassen sind. Darauf ergieng ein Befehl an Bürgermeister und Rath, auch die beiden Entwischete, welche in der Stadt sich aufhielten, auszuliefern. Diese aber samt den Viertzigern und einigen anwesenden Ausleuten übergaben d. 28. Jan. an den Herrn Grafen eine Supplication, worin über die uneinwilligte Schatzung und deren strenge Einfoderung geklaget, und sowol wegen der Inhaftirten als Entsprungenen eine Fürbitte und Caution gebracht ward. Der Herr Graf war hiemit nicht zu frieden, sondern ließ den 1 Febr.

einen

einen neuen Befehl ergehen. Die Embder aber wolten sich zur Auslieferung nicht vorstehen, wal eine Bürgschaft angeboten war. Mitler Zeit aber ging in dem Gretmer-Amt und sonsten die Eintreibung um desto schärfer fort g).

§. 27.

Gr. Enno III wirft einen Unwillen auf die Embder.

Der Verdruß aber, den Graf Enno daraus schöpfte, daß die Embder nicht allein in der Schatzung, welche zu Abzahlung der restirenden Türken- Reichs- Kreis- und Hofgerichts-Steuer sollte angewendet werden, ihm zu wider waren, sondern auch die vorhingedachte Entsprungene ihm vorenthielten, und gar vertraten, brachte ihn wieder auf das Andenken der vorhin geschehenen Dinge, und faßte er den Schluß, sich für alle bisherige Widerspenstigkeit an Embden wieder zu reiben. Daher ließ er den 19 Febr. Bürgermei-

---

g) Embder Vorläuffer lit. C. 1. 2. Erläuterung des Vorläuffers p. 75 - 80. Apolg. Embd. p. 291 - 294. 304 - 314. Copia Instrumenti in Sachen der Gefangenen von Süderhausen. Beylag E. ad Apolog. p. 145. sqq.

ermeister und Rath vor seine Canzeley zu Emb-
en durch den Cantzler, den Drosten Wilhelm
on Kniphausen, und Otto Friedrichs als
ine Räthe vorfodern, um zu vernehmen, was
us Gräflichen Befehl ihnen sollte vorgehalten
erden. Sie hingegen ließen den Gräflichen
äthen durch ihren Secretarium wissen, daß sol-
e Citation nicht gebräuchlich; wenn aber die
erren Räthe beliebeten dem Herkommen gemäß
f dem Rathhause die Proposition zu thun, wä-
 sie willig zu erscheinen. Die Gräflichen Rä-
 wegerten sich dessen, und überlieferten dem
ecretario verschiedene Befehl-Schreiben, um
che dem Rath zu Embden zu insinuiren, wel-
s auch so fort geschehen. Der Einhalt die-
Briefe, so theils verschlossen, theils offen wa-
, und etwa neun an der Zahl, war dieser:

1). Bürgermeister und Rath sollten Ur-
)e anzeigen, warum sie aus eigener angemesse-
Autorität wider die Kayserl. Resolution, wi-
die Concordaten, und wider ihre Pflicht
engen Ausschuß in vorigen Jahr bey sich ge-
rt hätten.

2). Sie sollten innerhalb zween Tagen
) Insinuation des Mandats schriftlich erklä-
warum sie auf schrift- und mündlichen Be-
die entwischete strafbare Personen nicht zur
ängnis und Strafe ausgeliefert hätten.

3). Sie sollten sich schicken zu der Zurich-
tung

tung eines neuen Gartens bey d
Burg auf dem Platz, da zuvor de
wesen; imgleichen zu der Aufbau
quemen Hauses auf der Burg, o
gung der 20000 Gulden, im Ja
bauen gewillet.

 4). Sie sollten alles, was
Kayserl. Resolution schuldig (zu
im Delffsielischen Vertrag zuge
Gulden zusamt den jährlichen Zin
jährliche Recompens-Gelder wegen
Rthlr.) bezahlen oder, warum si
thäten, anzeigen.

 5). Sie sollten es beruhen
von der Ritterschaft gethanen Verm
gen der vor dem Anfang des Collec
derten Liquidation.

 6). Sie sollten die Namen de
den und abreisenden Fremden dem
fen, wann er zu Embden gegenwä
seinem Abwesen dem Drosten auf
Tage einhändigen.

 7). Sie sollten sich der Eng
leute (die seit Ao. 1599 in Embde
del wieder angefangen) entschlag
mit ihnen aufgerichtete Contracten
innerhalb 6 Tagen einliefern.

 8). Sie sollten den Zoll, de
Englischen monopolischen Gesellsch

einstellen; item die Collecten, welche sie eigenmächtig in der Stadt angeordnet, abschaffen, und das Gehobene einem jeden wieder zustellen, und solches innerhalb 14. Tagen.

9). Sie sollten die Viertziger zu nichtes anders als bloß zur Benennung der Personen, voraus jährlich der Rath zu bestellen, gebrauchen; it. die Wachtordnung wieder abschaffen.

Wann nun die Embder sich auf diese Puncten nicht dachten einzulassen, anerwogen [si]e den 7ten und 8ten nicht gestunden, bey denen [ü]brigen ihre erhebliche Beschwerungen zu haben [ve]rmeinten, fuhren die Gräfliche fort, und ward [de]n 7ten Martii wider sie durch den Rath Pe[te]rn de Fischer und den Secretarium Eberhardum Schele in Embden eine Sentenz publ[ic]iret, worin diesen auferleget ward innerhalb [ ] Tagen zu pariren, oder gewärtig zu seyn, [daß] sie in pœnam contumaciæ condemniret [wü]rden. Die Embder appellirten hievon d. 12 [M]artii an das Kayserl. Cammer-Gericht zu [S]peyer. Und ob gleich im folgenden Monat [Ap]ril der Cantzler Frantzius, Baron Wil[hel]m von Kniphausen, Peter de Fischern, [Ch]ristian Wintzheim und Eberhard Schele [per] Gräfl. Order einen Vergleich tentirten [un]d Bürgermeister und Rath, die den Syn[dic]um Dothiam Wiarda und Secretar. Caspa[r]n Müller an ihrer Statt zur Conferenz beordert

S 3

dert hatten, ward doch nichtes daraus, und behielt die Appellation ihren Fortgang h).

§. 28.

Gr. Johanns Verehligung mit dem Gräfl. Fräul. Sabina Catharina.

In dem März-Monat dieses 1601ten Jahres hielt Graf Johann, der leibliche Bruder des regierenden Grafen und Herrn Enno, zu Rittberg Beylager mit dem Gräflichen Fräulein Sabina Catharina, hochgedachten seines Herrn Bruders ältesten Fräulein Tochter. Denn nachdem Herr Graf Enno in dem Anfang des vorigen Jahres wegen Harrlinger-Land mit beyden Töchtern sich verglichen, und in dem Berumer Vergleich der ältesten Tochter die Grafschaft Rittbergen abgetreten hatte nebst einer Summa Geldes, in Beyseyn seiner Gebrüder Graf Johann und Graf Gustav, welche hochgedachten beyden Fräulein erbetene Curatores und Beiständ-

h) Apol. Embd. p. 317-333. Embd. Vorläuffer lit. D. 3. — lit. E. 3. Erläuterung des Vorläuffers p. 122. seqq.

stände waren, fing Graf **Johann** nicht lange hernach an um die Gunst des ältesten Fräulein sich zu bewerben. Und obgleich der Herr Vater nicht wol damit zufrieden war, fuhr er doch in der Liebe fort, und war das Fräulein gänzlich von ihrem Liebhaber eingenommen, sogar daß sie sich auch resolvirten eine Dispensation wegen dieser nahen Verehligung bey dem Pabst zu suchen, und selbst Catholisch zu werden. Solchen Zweck zu erreichen reiste Graf **Johann** in eigner Person nach Rom, und küssete Pabst Clemens dem VIIIten die Füße. Man meinet, daß **Sigismundus** der König in Polen und Schweden, der Rathgeber zu diesem Werk gewesen sey. Als es nun so weit kam, daß das Hochzeitl. Beylager zu Rittbergen gehalten ward, fand sich niemand von dem Gräflichen Hause dazu ein, weder der Braut Vater noch des Bräutigams Bruder, noch der Braut Schwester, noch sonsten jemand von der Gräflichen Familie. Es waren aber zugegen bey den Hochzeitlichen Freuden der Churfürst zu Cölln **Ernestus** von Bayern als Erzbischof im Namen des Pabsts, und der Bischof von Paderborn, imgleichen des Königs in Polen Abgesandte. Ob nun gleich der Herr Graf **Enno**. in vielen Stücken seinen Wiederwillen wider diese Heyrath bezeugte muste er dennoch den Namen einer heimlichen Bey-

ſtimmung bey ſeinen Widerwe‍
gen i).

§. 29.

M. Jacobus Martini diſputirt
Johanns Jeſuiten.

Dieſe Heyrath und der Abfall deſ‍
ſen Johann, welcher auch ſei‍
dazu beredet hatte, veranlaſſeten, daß
Martini Rector zu Norden und Hof
Berum aus Oſtfrießland ſich wegbege‍
Denn als derſelbe von Rom wieder
nunmehro keinen Scheu mehr trug, di
che Religion öffentlich zu bekennen,
einen Jeſuiten mit ins Land, welcher
unterſtund zu Hofe in der Cammer ſe‍
die Meſſe zu halten; wiewol Herr G‍
als er deſſen inne geworden, eine Aende‍
gemachet hat, und hat der Jeſuit ſich

---

i) Wicht p. 282. 283. Apol. Emb
230. P. v. M. wacrachtig L
B. iij Meterani Niederländiſch. Hi
p. 1108. b.

wegpacken müssen k). So oft nun Graf Johann seine Frau Mutter zu Berum besuchte, führete er Jesuiten mit sich. Mit solchen und dem M. Jacobo Martini kam es einsten zum Colloquio, worin der Magister als ein beredter und gelehrter Mann seine Gegner also eintrieb, daß sie nichtes mehr wider ihn aufzubringen wußten, und Ursache funden sich zu schämen. Dis aber erweckte ihm besondere Ungnade bey Grafen Johann, der es sich selbst zum Hohn zurechnete, daß seine Geistlichen, wie sonsten also vor dismahl, also abgefertiget waren, und deswegen zu Hofe verlachet wurden. Man erfuhr allerhand Droh-Reden, wie man sich an dem M. Martini rächen, und ihm aufpassen wolte.

Die Durchl. Frau Wittwe, Frau Catharina aus Schweden, als ihr dieses zu Ohren kam, und besorget war, man möchte diesem guten Mann Leid zu fügen, ja ihn nicht sicher zu seyn erachtete, fand selbsten für gut, daß er aus Ostfrießland wegging, und der angedroheten Gefahr sich entrisse. Es kan seyn, daß dem Herrn Grafen Johann die Sache also vorgetragen, als ob bey dem Gespräch seine Person selbst beleidiget wäre, daher derselbige dem Magister al-

k) *Thom. Frantzii* (larvati) waerachtig Verhael lit. A. ij. P v. W. waerachtig Verhael lit. B. ij. iij.

so feind geworden. Der Magister
Rath von Ihr. Fürstl. Gn. der Fra
nahm seinen Abschied, und weil
Lande für ihn unsicher geachtet wa
auf gnädigstem Gutbefinden seiner
mit Weib und Kindern zu Schiff,
nach Hamburg. Daselbst fand er
Vermuthen eine Vocation zu einem
in Hildesheim, allein als er nach
reisete, und allda D. Polycarpum L
nen großen Gönner um Rath frug,
derselbige, den Dienst anzunehmen
vielen sich allda aufhaltenden Jesuite
aber nach Wittenberg zu gehen,
Stelle eines Professoris Logicæ ledig
che er ihm bey dem Churfürsten zu
hann Georg auswirkte. Solche
ward ihm Ao. 1602 d. 22 Julii
welche er dann auch nebst der Profess
physices in die 21 Jahr verwaltet
D. Nicolaus Hunnius von Wit
1623 nach Lübeck ging, und allda
dens ward, ward M. Jacobus M
Nachfolger in der Professione Theol
nam den Gradum Doctoris an.
ben D. **Balthasaris Meisneri**
dessen Stelle Ao. 1627 wieder Pro
Schloßkirchen, und bald hernach A
sistorii Ecclesiastici. Endlich ist er

berg Ao. 1649 d. 30 May im 79 Jahr seines Alters selig im Herrn entschlaffen, und den 3 Junii in der Schloßkirchen begraben worden 1).

§. 30.

Abgesandte aus Brüssel wollen Gr. Enno mit dem Gr. von Oldenburg vergleichen.

Zur Zeit des einbrechenden Frühlings kamen in Ostfrießland einige Abgesandte aus Brüssel, um diejenige Streitigkeit, welche zwischen den beyden Herrn Grafen von Oldenburg und Ostfrießland wegen der Grenzscheidung entstanden, durch eine gütige Vermittelung abzuthun. Sie wurden bey ihrer Ankunft prächtig eingeholet, der Ort der Zusammenkunft war Wittmund, woselbst die Brüsselschen Abgesandten mit denen von beyden Parteyen zu diesem Werk verordneten, die Friedenshandlung vornahmen.

Fast

1) D. *Joh. Scharfii* Leich Pr. über D. Jac. Martini in Personal. it. *Jerem. Reusneri* J. U. D. Programm. Conc. Funebr. annex. D. *Paul. Freheri* Theatr. Viror. exuditione claror. Part. I. sect. 3. p. 546. 547.

Faſt eben um dieſe Zeit kamen
Abgeſandten aus Holſtein, welche H
hann Adolph abgeſchicket hatte, un
des verheißenen Brautſchatzes dem S
fen Enno einzuliefern, welcher dan
ſeiner Frau Gemahlin Anna geboh
zeſſinn aus Holſtein, die Herrſchaf
ihrem Leibgeding verordnete.

Nicht lange hernach ward die
Frau Gemahlinn glücklich entbunden
bahr d. 25 Junii ein Gräflichs Töchter
ches in der H. Taufe Anna Mari
worden m).

§. 31.

Die Oſtfrieſiſchen Unterthanen ſi
gleich geſinnet gegen ihre Herr

Um dieſe Zeit ging der Lerm in Oſ
völlig wieder an. Denn ob gl
Enno als ein kluger Herr ſofort bey
fang ſeiner Regierung geſuchet deren (
an ſich zu ziehen, die etwas bey dem
möchten, und die dem Gräflichen Hau
am härteſten waren entgegen geweſen,

m) Wicht Annal. p. 283.

durch sie auch andere möchten gewonnen werden;
so gewann dennoch die Sache nicht so einen
glücklichen Ausgang, als man sich bey erstem
Anfang eingebildet hatte. Die beiden Gebrü=
der **von Knyphausen Jco** und **Wilhelm** hiel=
tens mit dem Herrn Grafen, der auch sie zu sei=
nen Landräthen, den letzten aber gleich mit zum
Drosten in Embden gemachet hatte. Die bey=
den gewesenen Bürgermeister in Emden **Ger=
hardus Bolardus** und **Peter de Fischer**
waren nunmehro auch anders Sinnes, so daß
auch der letztere seine Bürgermeisterstelle hindan=
gesetzet, und Gräflicher Rath geworden. **Do=
thias Wiarda** Syndicus in Embden war von
dem Herrn Grafen zugleich mit zum Assessoren
im Hofgericht bestellet. Sonsten waren auch
die gesamte Ritterschaft, viele Vornehme in Emb=
den und andere im Lande auf des Herren Grafen
Seite. Allein dis alles war nicht mächtig gnug,
die übrigen Gemüther im Zaum zu halten. Ja
anstatt dessen, daß diejenigen, welche gut für
ihren Landesherrn waren, die andern mit auf
ihre Seite bringen sollten, wurden sie bey den
andern für verdächtig gehalten, und von ihnen
gehasset. Von diesem allen wird die folgende
Geschichte ein mehrers lehren n).

§ 32.

n) P. v. W. waerachtig Verhael lit. B. iij,
iiij, C, 1 seqq.

§. 32.

Herr Hanniwald Kayserlicher Gesandter kommt in Ostfrießland wegen einer Türken-Steuer.

Im Anfang des Monats Junii kam in Ostfrießland **Andreas Hanniwald** Kayserl. Reichs-Hofrath, Erbherr von Eckersdorf zu Ober-Jglingen. Er ward von einigen Gräflichen Räthen zur Friedeburg empfangen, und nach Aurich begleitet. Daselbst eröffnete er seine Commission, die Ihro Kayserl. Majestät **Rudolphus** II ihm ertheilet hatte, und trug dem Herrn Grafen in Gegenwart seiner Land- und Hofräthe vor, welchergestalt Kayserl. Majestät zu Beschirmung der Christenheit wider die Türken einiger Beysteuer höchst benöthiget wäre, daher hätte sie sich gemüssiget befunden, indem wegen tödlichen Abgang des Churfürsten von Maintz kein Reichstag zeitlich gnug zu diesem Ende könnte gehalten werden, unterdes die Kreise absonderlich durch Abgesandte zu ersuchen, daß sie bey dieser höchstgefährlichen Zeit wider den Erbfeind eine freywillige Beyhülfe thäten, massen auch einige schon durch wilfährige Zusage und thätliche Hülfe ihre Willigkeit erwiesen hätten; und also hätten auch Kayserl. Majestät ihn in Ost-

Ostfrießland geschicket, in Hoffnung, der Herr Graf und seine getreuen Landesstände würden ebenmässig ihre Willfährigkeit in diesem Fall sehen lassen, und mit einer extraordinairen Geld-Hülfe zu diesem höchstnöthigen Werk fördersamst beyspringen. Nechstdem gab er auch zu erkennen, weil Kayserl. Majestät vernommen, daß der Herr Graf die Herrschaft Esens und Wittmund von seinen Töchtern für eine große Summe Geldes an sich gekaufet hätte, und wol gewillet wäre, solches Geld den Töchtern zum besten auf Rente zu legen, um dadurch allen bösen Verdacht einiger Uebervortheilung zu vermeiden: so wäre Kayserl. Majestät Begehren, der Herr Graf möchte solches Geld zu der itzigen Krieges-Nothdurft Ihro Majestät auf einige gewisse Jahre anleihen für gebührliche Interesse, nemlich 5 fürs Hundert, dahingegen genugsame Verschreibung und Unterpfand sollte gegeben werden.

Nachdem nun der Herr Graf und dessen Räthe mit dem Kayserlichen Abgesandten eine vorläufige Berathschlagung gehalten, schrieb er inen Landtag aus an dem 14 Junii, welcher zu Aurich den 23sten dieses Monats sollte gehalten werden, und zwar sollten alsdann die Landstände u früher Tages-Zeit um 8 Uhr auf der Gräflichen Burg in dem großen Saal erscheinen, um u vernehmen, was der Kayserl. Abgesandte zu roponiren hätte. Der Abgesandte that unter-

des

des eine Reise nach Embden die Stadt zu besehen, und ward allda von der Bürgerschaft recht fürstlich empfangen. Des folgenden Tages wurden die Gefangene aus Süderhusen auf Intercession des Abgesandten wieder losgelassen, nachdem sie vorher eine ihnen vorgelegte Abbitte unterschreiben musten. Darauf ging der Abgesandte weiter nach Gröningen, und kam nach ein paar Tage wieder. Den 21 Junii ward er von Bürgermeister und Rath zu Emden herrlich tractirt. Des andern Tages besahe er die Schiffe so aus Spanien wieder zu Hause kommen waren, und auf der Embs lagen, und darauf hat er aus des Cantzlers Hause sich wieder nach Aurich begeben. Bey seinem Abschied hat er die gegenwärtige Rathspersonen, die in guter Anzahl ihm zu Ehren da waren, erinnert, dem Herrn Grafen zu gehorsamen, widrigesfalls der Käyser mit Hülf seines Bruders des Ertzhertzogen Albrechts und Königes in Spanien sie wol wüsten zum Gehorsam zu bringen; auch würden die Könige in Polen, Schweden, Dännemark, wie a.. Verwandte und beschwiegerte Fürsten und H.. den Herrn Grafen nicht verlassen; und d.. Embden alsdann befinden, daß ihre Nach.. worauf sie sich verliessen nicht mächtig genug sein würden, sie zu schützen o).

§. 32.

o) Apolop. Embd. p. 333-343. Erläut. des Embdisch. Vorläuffers p. 182-185.

§. 33.

Auf dem Landtage sind die Stände uneins.

Mit solchen Abschieds-Worten reißte Hanniwald aus Embden fort. Einige von denen Rathspersonen nahmen sie zu Herzen, und dankten ihm für seine treuherzige Ermahnung, baten auch den Herrn Grafen dahin zu vermögen, daß er die angefangene gütliche Communication continuiren möchte; die Uebrigen aber nahmen seine Worte sehr übel auf p). Des nechstfolgenden Morgens (d. 23 Junii) nahm zu Aurich der Landtag seinen Anfang, da dann der Kayserl. Abgesandte Hanniwald in voller Versammlung den Ostfriesischen Ständen sein Gewerbe vortrug. Den 24sten, da sie wieder bey einander kamen, wiederholete der Cantzler Frantzius das gestrige Begehren des Kayserl. Abgesandten, that auch im Namen des Hr. Grafen eine Ansuchung wegen der Kauf-Gelder des Harlinger-Landes und begehrte darauf der Stände Entschliessung. Diese nahmen die Sache in Bedenken, und gingen ihre Berathschlagung zu hal-

---

p) Erläuterung des Embb. Vorläuffers p. 184. Apol. Embd. p. 343.

halten, aus einander. Der Städte und des dritten Standes Deputirte verfügten sich in die Stadt-Kirche zu Aurich, beredeten sich mit einander, und trug nachmahls ein jeder Stand seine Mei-nung für sich zu Papier, solche gewohntermaßen schriftlich zu überreichen.

Der Inhalt wär daß 1) so viel die er-suchte extraordinaire Türken-Steuer anlangte, Kayserl. Majestät müste gewilfahret werden; was aber 2) den Vortrag des Gräflichen Cantz-lers beträfe, daß, nachdem Kayserl. Majestät von Sr. Gn. dem Herrn Grafen verlanget hät-ten, daß die Kauf-Gelder, welche wegen Harr-linger-Land müsten ausgezahlet werden, Ihro Majestät zur Verzinsung auf einige Jahre an-geliehen würden, Sr. Gn. auch gerne darunter willfährig seyn wollten, aber wegen erschöpfter Kammer unmöglich zu einer so großen Summe Geldes so bald Rath wüsten, daher von den ge-treuen Landständen begehrte, ihm in solchen Fall unter die Arme zu greifen, und mit einer ansehnli-chen Zulage beyzuspringen, dazu könten sie sich nicht verstehen, bevorab da die Ankaufung des Harrlinger-Landes ohne der Stände Beystim-mung und Vorbewust geschehen. Der Ritter-stand aber faßte die Resolution, in beide Punc-ten einzuwilligen, und sowol wegen der Kauf-gelder, womit Harrlinger-Land sollte bezahlet werden, als wegen der Türken-Steuer, eine frey-
wil-

willige Anlage zu machen. Wie nun alle drey Stände wieder bey einander kamen, ihre Meinungen zu conferiren, und daraus einen allgemeinen einhelligen Schluß zu machen, haben sie sich nicht können vereinigen, und sind sie darüber in harten Worten an einander kommen q).

§. 34.
Vorschlag des Ritter-Standes wegen der Schornstein-Gelder.

Der Herr Graf, als ihm die Uneinigkeit der Stände zu Ohren gekommen, hat er dieselbe zu sich auf die Burg gefodert, und in eigner Person eines jeden Votum angehöret, und bsonderlich mit ihnen geredet, damit aller Trennung möchte vorgebeuget werden. Darauf ist er Vorschlag der Ritterschaft ihnen vorgelesen,)elcher darin bestanden, daß der Kayserl. Majstät eine dreyfache Steuer von achtzig Monan wider die Türken aufgebracht werden sollte. u solchem Ende sollten alle Schornstein oder euerstätte in der ganzen Graffschaft einen Reichsaler Schatzung erlegen, und diese Schatzung

---

q) Hist. Nost. Temp. p. 36-38. Apol. Embd. p. 343-351.

5 Jahr dauren; von dieser Schatzung sollte niemand frey und ausgenommen seyn, als die Freystätte des Herrn Grafen und seiner Räthe, der Junkern, der Gast- oder Armen-Häuser, und der nothdürftigen Armen; jedoch sollten solchen Mangel zu ersetzen die Becker von jedem Backofen, und die Brauer von jedem Kessel 4 Rthlr. die Juden aber und Wiedertäufer von einer jeglichen Feuer-Stätte 2 Rthlr. geben.

Wer sein eigen Haus bewohnete, müste für sich bezahlen: wer aber in einem Heuer-Hause wohnete, sollte zwar die Schatzung aufbringen, doch den halben Theil davon dem Eigner an der Heuer kürtzen. Wer diese Schatzung nicht zur bestimmten Zeit, nemlich zwischen Jacobi und Bartholomäi, entrichtete, der sollte zweyfach geben. So jemand im Angeben der Feuerstätte bey deren Verzeichniß einen Betrug beginge, und sie nicht getreulich meldete, der sollte Sr. Gn. mit 100 fl. Brüche verfallen seyn. Was nun also in diesem ersten Jahr gesammlet würde, das sollte der Kayserl. Majestät zur Türken-Steur gegen der nechst herannahenden Frankfurter Messe bezahlet werden. Was aber in den übrigen vier Jahren auf diese Art einkäme, das sollt dem Herrn Grafen als eine milde Gabe zu seinem Privat-Nutzen geschenket werden; jedoch sollten die in den Concordaten S. G. zugesagte 100000 Rthlr nicht mit darunter gezählet seyn, sondern

wären noch apart zu bezahlen. Wann etwa nach
Verlauf der fünf Jahre sich finden möchte, daß
Sr. Gn. Schulden dadurch noch nicht völlig können abgetragen werden, sollte diese Feuerstätte
Schatzung bis zur völligen Vergnügung continuiren. Im übrigen aber sollte es in des Herrn
Grafen eignem Belieben stehen, ob er das Geld
wegen des anerkauften Harrlinger-Land dem Kayser zu verzinsen anleihen wolte, oder nicht r).

§. 35.

Die Städte und der dritte Stand thun andere Vorschläge.

Nach geschehener Vorlesung sind die beiden
andern Stände befraget worden; ob sie
bey diesem angehörten Schluß der Ritterschaft
etwas zu erinnern oder zu verbessern hätten? oder
aber, ob sie einen bequemern Vorschlag hätten?
Die Deputirte von den Städten, insonderheit aus
der Stadt Emden, gaben zur Antwort, daß ihre
Meinung wäre, man sollte Kayserl. Majestät
mit einer Beysteuer von 60 Monat einfach zu
Hülfe

---

s) Erläuterung des Embd. Vorläuff. p. 188-
190. Apol. Embd. p. 351-354. Hist.
Nostr. Temp. p. 38. 39.

Hülfe kommen, und solche eilfertig aufbringen, welches sie auch gnug zu seyn erachteten, sintemahl andere Provinzen, so grösser, reicher, und der Gefahr näher, nicht einmahl solche Summe aufbrächten; wegen des andern Puncts der Gräfl. Proposition könten sie für sich nichts beschliessen, báten also Dilation, um solches an ihre Principalen zu referiren, und sich darüber Raths zu erholen. Die Deputirte von dem dritten oder Hausmanns-Stande waren in dem ersten Punct mit den Städten einig, hielten aber für gut, daß die Schatzung auf die Ländereyen nach Zahl der Grase geleget würde, und daß weder Geistliche noch Weltliche, weder Edle noch Unedle verschonet blieben; wegen des letzten Puncts entschuldigten sie sich, daß das Land nicht im Stande wäre, so viel und grosse Summen aufzubringen, massen dasselbe durch grosse und schwere Dienste, theure Zeit, und andere Zufälle in solchen Stand gesetzet, daß es hoch nöthig wäre, von neuen Auflagen frey zu seyn, und sich ein wenig zu erholen. Nun brauchte man zwar allerhand gütliche Reden, diese beide Stände mit der Ritterschaft zu vereinigen, weil aber sie sich beständig auf die Rücksprache mit ihren Principalen beriefen, so ward den Deputirten von Embden und Norden zugestanden, heimzureisen, und eine gewisse Zeit bestimmet, innerhalb welcher sie mit vollkommener Instruction wieder erscheinen sollten. Glei-

chermaßen zogen auch einige der Deputirten des
dritten Standes nach den Ihrigen s).

§. 36.

Die Deputirte aus Embden tragen die Sache dem Magistrat wie auch den Vierzigern vor, welches allerhand Disputen gibt

In Embden trugen die Deputirte, so bald
sie heimkamen, Bürgermeistern und Rath
nebst denen Vierzigern alles vor, was zu Aurich
sich begeben und wohin der Ritterschluß ginge.
Einige in solchen Versammlungen waren der
Meinung, daß man S. G. vorizo möchte wilfahren, und mit der Ritterschaft einstimmig seyn.
Die übrigen waren ganz anders gesinnet. Deren
Vorschlag war, es wär nothwendig, daß man
ohne Verzug der Kayserl. Majestät eine ansehn-
liche Hülfs-Steuer zu kommen ließ; diesemnechst
aber müßte man eine thätliche Liquidation aller
Schulden fodern, und wenn solche erlanget, aus
den

---

s) Apol. Emb. p. 355-359. Hist. N. T.
p. 39-42.

den Contributionen dieselbe abtragen, bevorab die in den Concordaten verheissene 100000 Rthlr. Und wann dann solches alles geschehen, so wäre Zeit genug, auf eine extraordinaire Geldsteuer bedacht zu seyn, womit man ohne hohe Beschwerung der Unterthanen dem Herrn Grafen beysprünge, jedoch aber, daß solcher Zulage ihre gewisse Maß und Ziel gesetzet würde. Dieser Vorschlag war erst von Bürgermeister und Rath per majora geschmiedet, und hernach den Vierzigern vorgetragen; wiewol sie auch darin nicht einstimmig waren, weil einige unter ihnen dafür hielten, daß es für einen Erb. Rath eine grosse Last wäre, wenn sie nicht Macht haben sollen, ohne der Vierziger Consens in dergleichen Sachen etwas für sich zu schliessen. Die Vierziger, denen zwar der Vorschlag nicht mißfiel, wolten doch die Sache nicht allein auf sich nehmen, sondern begehrten, daß aus der gemeinen Bürgerschaft die Vornehmsten mit zu Rath gezogen werden, oder aber daß ihnen vergönnet werde mit den Bürgern besonders zu reden, und also ihre ihre Beystimmung einzubringen. Bürgermeister und Rath schlugen dieses ab t).

§. 37.

t) Apol. Embd. p. 359 it. 362,-365. Hist. Nostr. Temp. p. 44. 45.

§. 37.

Die Deputirte der Embder kommen ohne gewiſſe Reſolution wieder in Aurich.

Mitler Zeit, daß dieſe Diſpüten zu Embden vorgingen, verlief die Zeit, die denen Deputirten beſtimmet war, daher ſie ſich ohne völligen Beſcheid wieder nach Aurich machten, jedoch mit der gemachten Hoffnung, daß ihnen andere mit völliger Reſolution folgen ſollten. Inzwiſchen aber war ihnen eingebunden, nichtes zu handeln, noch in einigen Landtags-Schluß ſich einzulaſſen, ehe und bevor die andern angekommen wären u). Weil aber die von dem dritten oder Hausmannsſtand ungeduldig waren, bey ſo ſchöner Sommerzeit und vorſeynder Heu-Erndte ſo lange in Aurich zu bleiben; nechſtdem ſowol ſie als die Deputirte von Norden und Aurich endlich überredet waren mit der Ritterſchaft einſtimmig zu ſeyn x): ſo wollte man nunmehro nicht länger auf die Embder warten, ſondern man fuhr fort, und ward der Schluß dieſes

---

u) Hiſt. N. Temp. p. 45.
x) P. v. W. Verhael lit. D. üj. iiij. Erläut. des Embd. Vorläuff. p. 190. Apol. Embd. p. 359. 362.

Landtages d. 2. Julii publiciret, welcher dann von dem Herrn Grafen, der Ritterschaft, den beyden Städten Norden und Aurich, wie auch von **Hinrich** und **Höveln** zum Holtgast und **Osebrand Ennen** zu Frepsum im Namen des dritten Standes unterschrieben war. Der Stadt Embden war an ihrem Ort Raum gelassen, damit die Deputirte, im Fall sie nähere Order erhielten, auch noch unterschreiben könten y).

Dieser Auricher Landtags-Schluß hielt nun fast eben das in sich, was die Ritterschaft vorhin beschlossen. Die **Schorstein-Schatzung** ward auf 5 Jahre festgestellet, nemlich von Ao. 1601. 1602. 1603. 1604 bis 1605, und niemand davon ausgeschlossen ohne die Gräflichen und in der Matricul befindlichen Adelichen Häuser. Ob Kayserl. Majestät auf 60 oder 80 Monat entweder einfachen Römerzug oder Tripelhülfe (wie jenes von den Städten und dritten Stand, dieses von der Ritterschaft vorgeschlagen) oder sonsten sollte gewilfahret werden, wolten die Stände zur Gräfl. Wikkühr gestellet haben. Gleich wie es auch in Sr. G. Belieben gestellet würde, ob und welcher Gestalt sie wegen des Anleihens mit Kayserl. Majestät sich vergleichen würden. Nach Verfliessung der 5 Jahren wollten die Landstände im Bedürfungsfall sich weiter frey und treuwillig

---

y) Hist. N. T. p. 45. Apol. Embd. p. 365. 377. 378.

erklären. Der Herr Graf bedankte sich ihres
treuen und guten Willens; sagte zu, bey Verzeichnis der Feuerstätten für die Armuth sorgen
zu lassen, gestalt dann auch die Armen-Häuser
ausgenommen waren; versprach die 80 monatliche Tripel-Hülfe, als deren Zulage Sr. Gn.
am besten deuchte, auf bevorstehender Herbstmesse zu Frankfurt in guter grober Reichsmünze
zahlen zu lassen, verhieß weiter, diese Freywilligkeit der Unterthanen nicht als eine Schuldigkeit
zu achten, noch dadurch etwas an ihren Privilegien ihnen zu entziehen, sondern vielmehr geflissen
zu seyn ihre Freyheiten zu bewahren, auch alle
Special-Gravamina abzuthun. Wann auch
die Ritterschaft vorgeschlagen, daß das anerkaufte
Harrlinger-Land möchte dem Ostfrießland mit
ncorporiret werden, und an Privilegiis, auch an
Oneribus in Contributions-Fällen, und sonsten
n allen demselben gleich seyn, erkläreten sich Sr.
Gn. solches in Bedenken zu nehmen. Endlich
verbunden sich Haupt und Glieder, Embden durch
gebührliche Mittel anzuhalten und zu zwingen
(im Fall es wiederspenstig sich erzeigen würde)
daß es sich der andern Stände eingewilligten
und bestetigten Schluß gemäß bezeigen müste z).

§. 38.

z) Apol. Embd. 366,377. Vid. Auricher
Landtags-Schluß de Ao. 1601. d. 2. Julii
in der Ostfr. Hist. Tom. II. lib. I. n. 37.
pag. 269. seqq.

§. 38.

Die Embder-Deputirte laſſen ſich von Hanniwald bereden, den Landtags-Schluß mit zu unterzeichnen.

Nach geſchehener Publication des Auricher Landtags-Schluſſes ließ der Herr Graf die ſämtlichen Deputirte der Land-Stände zur Tafel nöthigen, ſo daß auch die Embder nicht ausgeſchloſſen wurden, ohngeachtet ſie nicht mit unterſchrieben hatten. Nun fügte es ſich, daß nach geendigter Mahlzeit der Bürgermeiſter Hans Everdes dem Kayſerl. Abgeſandten Andreä Hanniwald einen Trunk zubrachte. Dieſer aber verwies den Bürgermeiſter mit etwas harten Worten, daß der Magiſtrat in Embden den Vierzigern ſo viel weiß machte, daß ſie ohne ihren Conſens in dieſer nothwendigen Sache nicht mit einſtimmig ſeyn wolten, man könte es nicht anders anſehen als eine Speciem rebellionis, die Jhro Kayl. Majeſtät wol würde zu ahnden, und das, was ſie der Stadt gegeben, wieder zu caſſiren wiſſen. Der Bürgermeiſter entſchuldigt die Sache aufs Beſte. Dis veranlaſſete ihn aber, daß er nach Embden ſchrieb, und den Rath ermahnete eine Entſchuldigungs-Schrift an Hanniwald einzuſchicken. Der Rath folgte, ent-
ſchul-

ſchuldigte die bisherige Verzögerung aufs Beſte, erbot ſich auch in der Schorſtein-Steuer beyſtimmig zu ſeyn mit angehängeter Bitte, daß, wann etwa deswegen große Klagen einfallen möchten, ihnen erlaubet ſeyn möchte, andere Wege und Mittel in der Stadt zur Hand zu nehmen, dadurch dennoch der Zweck erreichet, und eben ſo viel eingebracht würde. Mit dieſer Entſchuldigung kam ein Rathsherr **Jacob Mit-Carveel** genannt, ſelbſten über, und überlieferte ſie d. 4ten Julii. Zween Tage hernach ward den Embdiſchen Deputirten, nemlich dem Bürgermeiſter **Everdes**, dem Syndico **Wiarda**, und dem dazugekommenen Rathsherrn **Mit-Carveel** eine Antwort zugeſtellet, worin die Ordnung der Aufzeichnung der Feuerſtätte vorgeſchrieben, doch aber auch freygeſtellet war, wenn auf anderer Weiſe die gebührende Summe könte eingetrieben werden. Immittelſt ſandte der Bürgermeiſter einen Bothen nach Embden, und ließ der Stadt Siegel herüber holen, da dann auch gedachter Landtags-Schluß von ihnen unterſiegelt ward aa).

§. 39.

aa) Erläuterung des Embd. Vorläuff. p. 192. 193. Apol. Embd. p. 378-383. Hiſt. Noſtr. Temp. p. 45-48. Oſtfr. Hiſt. Tom. II. lib. I. n. 37. p. 277-280.

§. 39.

Hanniwald läßt bey seinem Abschied eine harte Erinnerung an die Embder zurück.

Hanniwald, welcher nunmehro aus Ostfriesland wieder wegreisen wolte, daher auch einige Tage her Gretsiel, Pewsum, und andere Oerter im Lande hatte besehen, der hatte unterdes durch den Baron Ico von Kniphausen Casparum Müller Secret. in Embden, nach Aurich fodern lassen, weil derselbige noch vor der Abreise ewas anhören, und an Bürgermeistere in Embden wieder referiren sollte. Daher ließ er ihn den 7 Julii vor sich kommen, und gebot ihm, im Namen der Kayl. Majestät folgendes an den Magistrat in Embden zu berichten: Sie sollten ihrem Herrn Grafen gehorsamen, was sie seit Ao. 1595 demselben schuldig geworden, bezahlen, die Wachtordnung aufheben, den Vierzigern keine Zusammenkunft ohne nur, wann Bürgermeister und Rath zu wehlen, verstatten; im Fall sie solches nicht thun würden, wären Kayl. Majestät sie als Rebellen ernstlich zu strafen gewillet, hätten auch genugsame Macht dazu, ihre

Arme erstreckten sich gar weit, vom Aufgang hätten sie die Könige von Polen und Dännemark, wie auch den Hertzogen von Holstein, vom Untergang den König von Spanien und Ihro Majestät Herrn Bruder Ertzhertzog Albrecht, wodurch ihre Rebellion leichtlich gestrafet werden könte; ihre Strafe aber würde seyn, daß Ihro Kayserl. Majestät alle ihre Privilegia cassireten, ihre Wälle, Mauren und Pforten herunterwerffen, die Spitzen und Knäuffe von den Thürmen und Kirchen herunterreissen, und das Ansehen einer Stadt benehmen liessen, und würde ihnen ein herrliches festes Schloß vor der Nasen geleget werden, um eine solche Colluviem allerhand Nationen im Zwang zu halten. Dem Secretario war vergönnet alle diese Sachen zur Feder zu fassen, und schriftlich aufzusetzen. Der Abgesandte selbsten aber unterzeichnete die Schrift mit eigner Hand, die dann von dem Secretario dem annoch in Aurich anwesenden Bürgermeister Hans Evers eingehändiget ward. Und darauf reisete Hannewald von Aurich wieder weg bh).

§. 40.

bb) Embd. Vorläuff. lit. E. 4 f. Erläut. des Vorläuff. p. 194. Apol. Embd. p. 384-386. Hist. Nostr. Temp. p. 48-50.

§. 40.

Beydes, die Schornstein-Schatzung und Hanniwalds schriftliche Erinnerung stehet der Bürgerschaft in Embden nicht an.

Als nun itzterwehnter Bürgermeister Hans Everds, der Syndicus Dothias Wiarda und der Rathsherr Mit-Carveel, nebst dem Secretario Müller den 10 Julii wider gen Embden kamen, und gleich wie die andern Acta des Landtages, also auch die von Hanniwald hinterlassene Schrift Bürgermeistern und Rath zu Händen stelleten, wurden darauf die Viertzliger convociret, und vorerst der hinterlassene Befehl des Kayl. Abgesandten ihnen eröffnet, mit angehängter Frage: Ob man hierunter gehorsamen sollte oder nicht? Im Fall man nun das erste erwehlete, woher man die Mittel zur Zahlung nehmen sollte, damit nach Einhalt der Schrift alle Schulden von Ao. 1595 an bis hieher dem Herrn Grafen mit dem allerersten bezahlet würden, bevorab aber bey dieser bedrengten Zeit, da die schwere Last der Schornstein-Schatzung seinen Fortgang gewinnen würde? Die Antwort der Viertziger war so beschaffen, daß sie so wol an dem Befehl des Abgesandten als

unter der Gräflichen Regierung

als an der eingewilligten Schornstein-Schatzung ihr Mißvergnügen bezeigten cc).

Des folgenden Tages, nemlich d. 12 Julii, welcher ein Sonntag war, liessen Bürgermeister und Rath den Gräflichen Befehl von der Schornstein-Schatzung, von welchem den Viertzigern nichts gesagt war, von öffentlicher Cantzel in beiden Kirchen der Stadt publiciren. Dis gab unter der Bürgerschaft und dem gemeinen Haufen eine grosse Bestürtzung, und ward wie erstlich in der Kirchen, also nachmahls in der gantzen Stadt ein groß Gemurmel und Widerwille gespüret. Man lief hin und wieder zusammen, einer fragte den andern, was hiebey zu thun, und alles ließ sich zu einer grossen Weitläuftigkeit an. Was für Ungedult, Verdruß, und Verbitterung die öffentlich abgelesene Verordnung wegen der Schornstein-Schatzung in den Gemüthern muß erwecket haben, ist daraus zu erkennen, daß auch die Communicanten (massen es Nachtmahls-Tag war) aus der Kirchen liefen, und die Handlung des H. Abendmahls unterwegens blieb dd).

§. 41.

cc) Apol. Embd. p. 386. 387.

dd) Ibid. p. 387. 388. Wicht. p. 283. Hist. N. Temp. p. 50.

§. 41.

Ein Bürgermeister, der Syndicus, ein Rathsherr und zwey Vierziger machen sich nach Aurich die Bewegung zu berichten.

Des Montags machten sich also bald der Bürgermeister Arend Schinckel, ein Rathsherr Dirck Allards, der Syndicus Dothias Wiarda, mit zween aus den Vierzigern, die allesamt gut Gräflich waren, nach Aurich, um den Herrn Grafen zu berichten, wie die gemeinen Bürger sich schwürig befunden. Unterdeß aber begehrte der Präses unter den Vierzigern von dem präsidirenden Bürgermeister Hans Everds, daß die Vierziger sich versammlen möchten. Der Bürgermeister schlüg solches ab ee). Die Bürger, als sie dis vernommen, verfügten sich in die Gasthaus-Kirche, da dann Johann Hinrichs ein Buchbinder die übrigen Anwesenden bewegte, daß sie einander mit Hand und Mund angelobet, kein Verzeichniß der Schornsteine zu dulden, auch demjenigen, was deshalben öffentlich von der Canzel abgelesen, im geringsten nicht zu gehorsamen, im übrigen

---

ee) Apol. Embd. p. 388.

gen aber in allen, was hieraus entstehen sollte, für einen Mann zu stehen. Nach solcher Verbindung haben die Bürger das Rathhaus eingenommen, eine fliegende weisse Fahne ausgestecket, die einige Tage über die Gallerie herausgehangen, alle Stadtpforten und Bäume am Wasser mit gewaffneter Mannschaft besetzet ff), und endlich an Bürgermeister und Rath, von welchen sie abermahl eine Convocation der Vierziger begehret und erhalten hatten, durch eben diese vortragen lassen 1): Daß sie von dem Magistrat verlangten, daß ihnen ein gelehrter Mann zugefüget würde, der ihrenthalben das Wort führte, und in ihrem Vorhaben ihr Fürsprach wäre 2). Daß der Syndicus **Dothias Wiarda** und **Casparus Müller** Secretarius ihres Dienstes sollten entsetzet, und nicht mehr auf dem Rathhause gedultet werden. 3). Daß man die Beschreibung der Schornsteine unterlassen sollte, weil die Bürger darin nicht consentirten 4). Daß Bürgermeister und Rath

---

ff) Kayserl. Citation off die Constitutiones wider die Uffrührer und Friedtbrücher in Causa Graff Ennen zu Ostfrießlandt &c contra die Vierziger und andere Rebellen in Embden. Im Abdruck etlicher Citationen Ao. 1602. lit. H. ij. B. *Elsenii* Denckw. Begebenh. p. 22.

Rath den Auricher Landtags-Schluß samt allen dazu gehörigen Acten herausgeben und offenbahren sollte f). Daß endlich das Stadt-Siegel, so nach Aurich geschicket worden, ihnen möchte vorgezeiget werden, damit sie wüsten, ob es auch wieder in Emden kommen wäre oder nicht. Der präsidirende Bürgermeister begehrete zwar Dilation und Aufschub der Sache, bis sein Colege Schinckel wieder von Aurich käme: allein weil die Ungedult der Bürger so lange nicht warten wolte, so ist ihnen das Stadt-Siegel gewiesen, der Landtags-Schluß von der Schornstein-Schatzung vorgelesen, was auf diesem Landtage gehandelt, eröffnet, und im übrigen alle gute Vertröstung geschehen. Worauf sich jedermänniglich wieder nach Hause begeben gg).

§. 42.

Gr. Enno begibt sich selbst nach Embden richtet aber wenig aus.

Des folgenden Tages, so da war der 14 Julii kam Herr Graf Enno bey früher Morgenzeit in Embden an. Er hatte bey sich seinen
Herrn

gg) Apol. Embd. p. 388-391. Hist. Nostr. Temp. p. 5. Kayserl. Citation loc. cit..

Herrn Bruder **Guſtavum,** imgleichen den Bürgermeiſter **Schinckel** und die übrige Geſellſchaft, die geſtriges Tages nach Aurich gereiſet war. Auch waren bey ihm der Cantzler **Frantzius** und andere ſeiner Bediente. Des Tages erkündigte er ſich alles deſſen, was vorgegangen war. Am Mittwochen als den 15ten Julii pflog er des Vormittags Rath mit ſeinen Bedienten, und machte ſich darauf nach Mittag mit ſeinem Cantzler und andern, um die Gemüther der unruhigen Bürger wieder in Stille zu bringen, aufs Rathhaus. Auch waren einige aus der Ritterſchaft bey ihm hh). Vor der Rathsſtuben war eine groſſe Menge Bürger verſammlet, wie man meinet, wol über 1200 Perſonen, die, als der Herr Graf den Landtags-Schluß öffentlich vorleſen, und durch den Cantzler alles beſtermaſſen entſchuldigen ließ, ja ſelbſten eine Zeitlang die Rede führete, dennoch im geringſten nicht dadurch ſich bewegen lieſſen, ſondern auf den Herrn Grafen und den Oſtfrieſiſchen Adel allerhand harte Worte herausſtieſſen. Man ſcheuete ſich nicht dem Herrn Grafen, der ihnen alle Gnade verhieß, ins Geſicht zu ſagen: Sie achteten ſeine **Ungnade** ſo wenig als ſeine Gna-

hh) Apol. Embd. p. 391. Hiſt. N. Temp. p. 51.

Gnade. Das Rufen, Poltern, Schnarchen Spotten, Lachen und allerhand Getümmel erfüllete das Rathhaus. Johann Brechts trat darauf öffentlich im Namen aller hervor, und sagte in Gegenwart des Herrn Grafen und seiner Räthe: **Man sollte die Viertziger und die Hauptleute in ihrer Macht und Würden lassen, die Gemeine wolte es kurtzaus also haben.** Den Bürgermeistern Lübbo Sicken und Christian Bortart, welche zugegen waren, ward es hart verdacht, daß sie die Bürger nicht mit rechten Ernst steuerten. ii). Wie nun der Herr Graf sah, daß nichts auszurichten war, begehrte er, daß sie durch ihre Deputirte bescheidentlich handeln, und ihre Nothdurft gebührend einbringen wolten, verhieß ihnen auch morgendes Tages eine gnädige Antwort zu ertheilen, damit er nur mit guter Manier aus dem Lerm herauskommen möchte. Und also ging er von dem Rathhause wiederum nach seiner Burg kk).

§. 43.

ii) Kayserl. Citation contra die Viertziger &c. lit. H. iiij. J. j. B. *Elsenii* Denckw. Begeb. p. 23.

kk) Apol. Embd. p. 391. 392.

§. 43.

Der Herr Graf will nicht wieder aufs Rathhaus kommen.

Des andern Tages, nemlich d. 16 Julii, als am Donnerstage, fuhr der Herr Graf zwar aus Embden weg, nachdem er des vorigen Unwesens halber vorher mit seinen Räthen Conferentz gehalten, auch Bedenken getragen hatte, in die Versammlung des Volks wieder zu kommen; dennoch ließ er durch den Cantzlar Frantzium, dessen Schwester-Mann Christian Winsheim, und Eberhard Schelen Secretarium, auf dem Rathhause der Bürgerschaft dieses zur Antwort wissen, daß Sr. Gn. durchaus nicht abstehen wolten von dem, das von allen Land-Ständen in Ostfrießland rechtmäßig beschlossen, und vom Kayserl. Abgesandten approbiret wäre, weswegen die Bürger zur Parition und Vollziehung des Landtages-Decreti willig und bereit seyn solten. Der Cantzler gab ihnen zugleich einen Verweiß wegen des gestrigen Getümmels und widerspenstigen Wesens wider die Obrigkeit. Allein er richtete eben wenig aus. Daher der Herr Graf, wie er nach seiner Spatzierfahrt wieder in die Stadt kam, sich gar nicht wollte bereden lassen, wiederum aufs Rathhaus und unter die Versammlung der Bürger zu kommen, ob schon der Rath sehr darum anhielte, vielmehr machte er sich von Embden weg nach Aurich ll).

Der Syndicus **Wiarda** und Secret. **Casparus Müller** hatten sich bey itzterzehlten Versammlungen, so in diesen Tagen geschehen, des Rathhauses enthalten, weil sie für Gewalt gewarnet waren, haben auch nachmahls ihre Ämter nicht weiter bedienet mm); massen die Bürgerschaft dieselbe für verdächtig hielte, und in dem Argwohn stund, daß sie dem Grafen getreuer wären als ihrer Stadt nn).

Im übrigen waren ebenfalls nicht alle Glieder des Raths mit einander eins, zumahlen einige unter ihnen in gleichem Verdacht waren, daß sie es mit dem Grafen hielten, und daher von den übrigen, wie auch van dem Volk gehasset wurden. Unter diesen waren insonderheit die Bürgermeister **Arend Schinkel** und **Hans Everdes** nebst dreyen Rathsherrn, welche samt dem Secretario d. 20 Julii ins Consistorium sich verfügten, woselbst die Prediger und Ältesten beysammen waren.

ll) Apol. Embd. p. 392-394.

mm) P. v. W. Berhael lit. E. iiij.

nn) Apol. Emb. 396-398.

einander verſammlet waren. Sie klagten daſelbſt, wie die Bürger wider ſie unverdienter Weiſe ihren Unmuth bezeigten, ſie hätten zu Aurich und ſonſten gethan wie rechtſchaffene Männer gebühret, und wären nur einige unruhige Köpfe, die den bisherigen Lerm angerichtet hätten; auch könten ſie verſichern, daß der Syndicus und Secret. Müller ebenmäſſig ihr Beſtes gethan hätten, die nunmehr der Unruhe wegen draus geſchieden wären: bäten alſo, daß ſie allerſeits, wenn es Zeit und Gelegenheit gäbe, das Volk möchten zum Frieden vermahnen. Der Präſes des Conſiſtorii einer von den Geiſtlichen verhieß mit gar gütigen Worten ſolches zu thun.

Menſo Alting aber fing hierauf an: Er hätte oft gehört, daß die Stadt in groſſen Schulden ſteckte, alſo hielt er es für Unrecht, daß man dulden wolte, daß dem Volk noch mehr Laſten aufgebürdet würden; ſie als bemittelte Leute achteten ſolches nicht, es käme aber auf die Armuth an; wann ſie nun ihr Amt recht verwalten wolten, müſten ſie nicht auf die Hof-Gunſt ſondern auf des Volkes Beſte ſehen, nicht den Wein zu Hofe höher achten als Gott und ihr Amt, vielmehr aber ſollten ſie den Herrn Grafen erinnern, daß er die Landes-Verträge hielte, auch ſollten ſie mit den Viertzigern einſtimmig ſeyn. Dieſe und dergleichen Dinge ſtellte er ihnen mit ſonderbaren Eifer vor, verhieß endlich darauf ſein

Bestes zu thun, daß alles wieder zur guten Einigkeit käme. Hiemit sind sie wiederum heimgekehret oo).

§. 44.

Die Embder wollen sich gar nicht zu den Schornstein-Geldern verstehen.

Nach diesem sind unterschiedliche Dinge zwischen ihnen, wie auch zwischen den Bürgern und dem Rath, und endlich zwischen dem Rath und dem Herrn Grafen verhandelt: Die Hauptsache aber, woraus die itzige Streitigkeit entstanden, ist unveränderlich geblieben, dieweil der Herr Graf von dem Auricher Landtags-Schluß nicht weichen, die Stadt Embden aber darin nicht willigen wolte pp). Immittelst appellirten die Embder an die Kayserliche Cammer: Der Herr Graf aber sandte Franßium hin nach Prag, bey Kayl. Majestät über

---

oo) Emm. in Vit. Alting. p. 208-213.

pp) Apol. Embd. p. 395. Emm. in Vit. Alting. p. 213-216.

über das widersinnige Verfahren der Stadt Embden zu klagen, der auch daselbst sein Bestes angewandt, vorgemeldeten Hanniwald mit zur Sache gebrauchet, und es endlich dahin gebracht qq), daß einige vom Rath, die Consistorianten, die Vierziger, die Aelterleute der Gilden, der Kriegesrath, und einige Bürger in specie bey Strafe der Acht vom Kayser citiret, und zu allen Aemtern untauglich erkläret sind, bis sie sich zu recht vertheidiget hätten, wie solches hernach wird erzehlet werden rr). Seit der Zeit, daß **Franzius** zu Prag sich aufhielt, welches eine ziemliche Zeit daurete, schrieb er die Noctes Pragenses, oder die **Pragischen Nächte**, nicht nur als einen Zeitvertreib in den Winter Nächten, sondern vielmehr dieselbige an Kayl. Majestät zu übergeben. In dieser Schrift, worin er den bisherigen Verlauf der Streitigkeiten zwischen der Stadt Embden und dem Gräflichen Hause entwarf, mahlete er die Embder gar heßlich ab, und verglich ihr Wesen mit der Raserey, die aus dem Biß

ei-

qq) Apol. Embd. p. 446. 447. Emm. loc. cit. p. 216. 217.

rr) B. Elfrii Denckw. Beges. p. 23. Apol. Embd. pag. 473. seqq.

eines tollen Hundes herrühret, zeigete auch, wie diese Krankheit zu curiren ff). Die Embder haben nachmahls in ihren Schriften seiner ein wenig geschonet, sondern ihn mit heßlichen Farben abgebildet tt).

§. 45.

Die Norder setzen sich auch wider die Schornstein-Gelder.

Die Norder, als sie den steiffen Fürsatz der Embder sahen, daß sie weder die Verzeichniß der Feuerstätten dulden, noch die Schätzung davon einwilligen wolten, folgten ihrem Exempel, und fiengen ebenmäßig an, ihren Deputirten zu verweisen, daß sie den Aurichen Landtags-Schluß unterschrieben, erklärten sich auch, eben so wenig als die Embder, die Schornstein-Schatzung zuzulassen uu). In solchem Vor-

ff) Conf. *Frantzii* Noctes Pragenses de Morbo Embd. ejusque curandi ratione juridica et politica, exactæ in divortio anni 1601 et 1602.

tt) Apol. Embd. p. 173. 247. 249. et passim.

uu) Apol. Emd. p. 447.

Vorhaben wurden sie gestärket durch die Frau Mutter des Herrn Grafen, als welche nach dem Einhalt ihrer von zween Kaysern bestätigten Ehepacten, und Kraft des Testaments ihres Seligverstorbenen Herrn Graf Edzards, nicht allein die Leibzucht und das jährliche Einkommen hatte, sondern auch der ganzen Regierung derselben Stadt sich anmassete, und nun schon eine Zeitlang in die völlige Possession sich eingesetzet hatte xx). Es war aber die Schornstein-Schatzung insonderheit darum denen Bürgern in Embden, Norden, und sonsten verdrießlich, weil auf diese Art alle Last nur auf die Häuser fiel, andere Güter aber und Ländereyen frey gingen, daher dann auch die Bürger die meiste Last tragen musten; geschweige daß diese Schatzung auf einige Jahre dauren sollte, und man nicht versichert seyn könte, ob sie so bald wieder aufhörete yy). Nun lief zwar einige Zeit dahin, daß der Herr Graf still war, und die Sache ein wenig schlafen ließ. Als er aber von seinem Cantzler aus Prag verständiget worden, daß sein Gewerbe daselbst schiene glücklich von statten zu gehen, gedachte er die

Sa-

xx) Conf. die Ehe Pacten in Ostfr. Hist. Tom. I. lib. 5. No. 54. §. 4. 6. p. 245-247.

yy) Apol. Embd. p. 410.

Sache mit den Nordern anzugreifen. Er sandte er zu seiner Frau Mutter seinen alten Cantzler **Conradum Westerholt**, seinen Rath Peter de Vischer, und den Secret. Eberhard Schele, mit derselben von der bevorstehenden Schatzung zu reden, und sie zu bewegen, daß sie das Werk ungehindert vor sich gehen ließ. Indem nun aber sie bey der Gräfl. Frau Mutter nichts ausrichteten, anerwogen sie dis als einen Eingriff ansahe, und sich deswegen sehr beschwerte, begaben sie sich von Berum nach Norden, und liessen das Mandat von der Schornstein-Schatzung von der Cantzel publiciren. Wie sie nun darauf den Anfang zur Beschreibung der Schornsteine machen wollten, fing das gemeine Volk die Glocken an zu ziehen, und läuteten zusammen zum Lerm, auch kamen die Bürger auf dem Markt zusammen. Da unbändige Haufe lief nach dem Hause, worin die Gräfl. Gesandten waren, machte ein groß Geschrey, und drohten von Morden und Todtschlagen, daß also die Gesandten sich in Lebens-Gefahr sahen. Der Cantzler Westerholt trat hervor, redete sie freundlich an, und besänftigte sie mit guten Worten und Verheissungen, wodurch ihnen Hoffnung gemacht ward, diese vorseyende Schatzung zu verhindern und aufzuheben. Der Rath Vischer wolte dem rasenden Volk so viel nicht trauen, sondern lief erst auf dem Söl-

ler,

ler schlich hernach heimlich durch die Hinterthür und entfloh über Hecken und Zäune mit grosser Beschwerniß, und rettete sich mit der Flucht. Dieses geschah den 9 November. Dieser Handel aber zog viel Verdrießlichkeit nach sich zz).

§. 46.

Gr. Enno III nimt den Aufstand der Norder ungnädig.

Denn als der Herr Graf die Nachricht erhalten, daß man wieder seine Abgeordnete in Norden einen Aufstand gemacht, mit Gewehr, Mistgabeln, Stangen, und dergleichen Dingen vor ihrer Herberge erschienen, und sie in der Furie gar leichtlich überfallen hätten, wenn nicht die greisen Haare und liebreichenden Reden des Junkern **Westerholt**, Gräfl. ältesten Cantzlers, den ungestümen Pöbel besänftiget hätten aaa), ward er sehr zornig, und ließ an Bürgermeister und Rath einen scharfen Befehl ergehen, daß sie

zz) Jbid. p. 447–449. *Wicht.* p. 283. *Elsenii* Denckw. Begeb. p. 28. P. v. W. Verhael lit. E. ij. Erläuter. des Embd. Vorläuffers. p. 91.

aaa) P. v. W. Verhael lit. E. ij.

sie die Uhrheber dieses Tumults ausforschen, und sie gefänglich nach Aurich senden sollten. Weil sie aber bey der Untersuchung keine gewisse Personen herausbringen könten, muste der Herr Graf sich vor diesesmahl mit einer Entschuldigung begnügen lassen. Jedennoch säumete er nicht darauf bedacht zu seyn, wie er an den Nordern sich rächen möchte bbb).

Wann aber das Regiment der Frau Mutter in Norden ihm daran deuchte hinderlich zu seyn, suchte er dasselbige (nach dem treuen Rath des Frantzii) zu schwächen, zu welchem Ende er den Schluß faßte, sich von den Nordern huldigen zu lassen ccc). Mit solchem Fürsatz machte er sich kurz vor Weyhnachten mit einem Gefolg von mehr als 60 Mann zu Pferde, wie auch einigen Fuß-Knechten, nach Norden. Das Gerüchte, welches gemeiniglich vorausläuft, bewegte die Frau Mutter, daß sie einige Tage vor der Ankunft des Herrn Grafen von Berum sich nach Norden erhub, und ihre Behausung, so zum Dominicaner-Closter gehörig, sonsten der Fräuchen-Hof genant, einnam, durch ihre Gegenwart, so viel möglich,
die

---

bbb) Apol. Embd. p. 449. 450.

ccc) Th. Frantzii Octrener Rath p. 510. 34.

die Huldigung zu hindern, als welche sie meinete ihr nachtheilig zu seyn. Wie nun der Herr Graf angekommen war, wohnete er zuerst, indem es der Thomastag war, der den 21 Dec. einfällt, dem öffentlichen Gottesdienst bey. Hernach ward Anstalt gemacht zu der Huldigung, so des morgenden Tages vor sich gehen sollte.

Die Norder, welche bereits Ihro Fürstl. Gn. der Frau Wittwen eidlich verpflichtet waren, stunden in Sorgen, wie sie sich bey diesem Fall verhalten sollten. Es wurden derowegen einige zu der Frau Wittwen Durchl. gesandt, sich bey ihr hierüber Raths zu erholen, denen sie zur Antwort gab: Sie möchten ja zusehen, daß ihr an ihren habenden Rechten nichtes vergeben würde, sonsten aber möchten sie thun nach ihrer alten und väterlichen Gewohnheit. Worauf die Bürger sich des folgenden Tages in Waffen begeben, und weil des Grafen Reisige und Schützen den Markt besetzet, auf dem Kirchhof ihren Lager Platz genommen haben. Der Herr Graf, welcher in einer Wittwen Behausung am Markt seine Herberge genommen hatte, da er den Aufzug der gewaffneten Bürger sahe, ließ sagen: Wer ihnen befohlen hätte, in Rüstung zu erscheinen? Sie sollten sich nach Hause machen, die Waffen ablegen, und alsdann zu rechter

X Zeit

Zeit wieder erscheinen, und unbewaffnet die Huldigung ablegen. Sie gaben zur Antwort: Sie hätten solches auf Gutbefinden Sr. Gn. Frau Mutter, und nach alter Gewohnheit gethan.

Immittelst ward vor dem Rathhause eine hohe Schaubühne aufgerichtet, worauf der Huldigungs-Actus sollte verrichtet werden. Der Herr Graf schickte zuerst seine Räthe zu seiner Frau Mutter, um dieselbe zu bewegen, daß sie in der Huldigung nicht hinderlich seyn möchte, ging auch nachmals selbst zu Ihr: allein sie berief sich auf ihre von zween Kaysern confirmirte Ehepacten, und wolte sich aus ihrer habenden Possession nicht ausdringen lassen. Also kehrete er mit zornigem Gemüthe wieder in seine Herberge, und ließ dem Volk abermahl wissen, sie sollten ohne Wehr und Waffen zu der Schaubühne vor dem Rathhause sich nahen. Die Bürger antworteten: Sie wolten gerne gehorsamen, wenn nur Ihro Fürstl. Gn. die Frau Mutter solches gestatten und sie ihres Eides erlassen; der Herr Graf aber die Reuter und Pferd, so zum Schrecken im vollen Cüraß den Markt eingenommen, wiederum abziehen lassen; auch vor Einnehmung der Huldigung die vorschwebende Gravamina abthun wollte, gleich wie vor zweyen Jahren in den

Con-

Concordaten verheissen worden. Des Herrn Grafen Frau Mutter ließ inzwischen ihren Stuhl auf der zugerichteten Schaubühne hinsetzen, mit der Entschliessung bey dem Actu selbsten mit zu erscheinen. Diß alles verdroß dem Herrn Grafen so sehr, daß er unter Bedrohung dergestalt wieder zu kommen, daß weder die Mutter noch Bürger zu Norden sich ihm zu widersetzen sich sollten unternehmen dürfen, sich mit seinem Gefolg wieder zu Pferd begab, und nach Aurich reisete ddd). Jedoch ehe er weg zog, setzete er neue Bürgermeister, Rathsherrn, Schreiber, und Quartiermeister ein, welche aber allesamt Ihro Fürstl. Gn. die Frau Mutter den 29 Dec. wieder absetzte. Auf solche Weise ward dieses Jahr unter Unlust und Verdrießlichkeit geendiget eee).

ddd) P. v. W. loc. cit. Erläut. des Embbisch. Vorläuff. p. 91. 92. Apol. Embd. p. 450-455. *Wicht* p. 284. B. *Elsenii* Denckw. Begeb. p. 23. 26.

eee) *Wicht* it. *Elsen.* l. c.

Ende des achten Buchs.

www.ingramcontent.com/pod-product-compliance
Lightning Source LLC
Chambersburg PA
CBHW030748230426
43667CB00007B/882